KB268360

人生如前

人生如前

人生如前

人生如前

인생여전

인생여전

인생여전

인생여전

인생여전

인생여전

인생여전

인생여전人生如前
육체노동과 글쓰기로 바라본 삶과 세상

양성민 지음

2026년 3월 13일   초판 1쇄 발행

펴낸이   한철희
펴낸곳   돌베개
등록   1979년 8월 25일 제406-2003-000018호
주소   (10881) 경기도 파주시 회동길 77-20 (문발동)
전화   (031) 955-5020
팩스   (031) 955-5050
홈페이지   www.dolbegae.co.kr
전자우편   book@dolbegae.co.kr
블로그   blog.naver.com/imdol79
인스타그램   @Dolbegae79
페이스북   /dolbegae

편집   김태현
표지디자인   김민해
본문디자인   이은정·이연경
마케팅   고운성·김영수·정지연
제작·관리   윤국중·이수민·한누리
인쇄·제본   상지사 P&B

ISBN   979-11-94442-88-2 (03330)

(인생역전)

육체노동과 글쓰기로 바라본 삶과 세상 ——

양상민 지음

돌베개

웃으면 안 될 것 같은 상황에서 웃게 만드는 글을 좋아한다. 분노와 유머가 분리할 수 없는 방식으로 결합한 글, 부조리한 현실을 이겨 내기 위해 쓰는 글이 그렇다. 『인생여전』의 매 페이지마다 그런 힘과 유머가 가득하다. 하지만 그것만으로 이 책의 매력을 온전히 설명하기는 어렵다. 나 역시 짧지 않은 시간 동안 노동에 대해서 이야기했지만 내가 종종 머뭇대고 주저앉았던 바로 그 지점에서 작가는 무엇이 문제이고 어떻게 바뀌어야 하는지를 유쾌하고 명쾌하게 짚어 낸다. '내가 저걸 썼어야 하는 건데' 하고 속이 쓰렸던 구절이 한두 군데가 아니다.

『인생여전』은 21세기 대한민국 노동현장에서 죽거나 다치지 않고 딱 일한 만큼의 돈을 받아 내기 위해 어떤 노력이 필요하고 어떤 시련을 거쳐야 하는지를 있는 그대로 보여 준다. 시간이 없으신 분들은 3부의 「떼인 돈 받아내기」만이라도 읽어 보시라. 사장님들이 버티며 못 내놓는다는 돈을 작가가 정색하지 않고 따박따박 받아 내는 대목은, 웃음이 터져 나오는 재미와 지금 당장 적용할 수 있는 실용적 정보가 어우러진 이 책의 백미다. 이 책은 웃으면서 싸우고 싸우면서 함께 간다. 우리도 그럴 수 있기를 기원해 본다.

한승태
(작가, 『고기로 태어나서』·『어떤 동사의 멸종』 저자)

오늘날 우리의 노동을 둘러싼 풍경은 희망보다는 절망과 더 가깝게 마주 닿아 있다. 사방으로 용접 불꽃이 튀는 선박 안에서 하루 2만 보씩 걷는 동안, 죽은 이의 묏자리를 파면서, 한밤중 택배를 배달하는 와중에 양성민은 간파한다. "이미 사람은 기계의 부속품"임을. 공동체의 삶을 부축하는 노동은 자주 모욕당하고, 동료의 죽음은 뉴스조차 되지 않는다. 시험 성적으로 서열 매기기 좋아하는 세상에서 노동자에게 주어진 선택지는 자주 극단적이다. 죽거나, 퇴근하거나. 이들에게 "진짜 로또는 아무 사고 없이 계속되는 오늘의 일상"이다.

그러나 양성민은 정직하게 절망하면서도 냉소하지 않는다. 동료 시민의 선의를 믿는 쪽에 서 있으려 애쓴다. 어제와 오늘이 다르지 않은 여전한 일상에서 행복·꿈·낭만 같은 단어를 기어코 찾아내는 이 압도적인 '재능'에는 쾌감이 있다. 에두르지 않고 직진하는 이야기의 마디마다 명랑함이 깃들어 있다. 그 사이로 자꾸만 끼어드는 희망을 당신도 알아채 주었으면 좋겠다.

장일호
(『시사IN』 기자, 『슬픔의 방문』 저자)

명휴命休라는 말이 있습니다. 비가 오거나 태풍이 불어서 작업을 중단하고 하루 휴일을 명령한다고 해서 명휴라고 합니다. 저는 이 말을 매우 좋아합니다. 그 휴일들은 대개 인위적인 사유가 아니라 하늘의 뜻에 따라 생겨난 것이니, 어떤 신성함이 느껴지기도 합니다.

삶에 지친 많은 이들에게 오늘 하루 명휴가 있었으면 합니다.

차례

일러두기

- 맞춤법과 외래어 표기는 국립국어원의 용례를 따랐으며, 경우에 따라 입말을 살려 사용하였다.
- 이 책에 수록된 글들의 초고 중 일부는 아래의 도서 및 매체에 수록되었다.
  - 『꿈꾸는 배관공: 제32회 전태일문학상 수상작품집』(양성민 외, 2024, 아름다운전태일): 머리말, 1부 전체, 「1500만 개의 노동일기」
  - 『건강한 노동세상』 소식지(2018, 인천): 「죽거나 혹은 퇴근하거나」
  - 『프레시안』(pressian.com, 2024. 11. 18): 「좋은 콜 받으세요」

1부

꿈꾸는
배관공

내 나이 마흔여섯

가장 안타까운 일은
어쩌다 나이를 이만큼 먹었냐는 것이고
그나마 다행스러운 일은
이제는 나이를 이만큼 먹었다는 것이다

꿈꾸는 배관공

"야 이놈아, 이기 왜 아침부터 쳐 졸고 있노."

오늘도 꾸뻑꾸뻑 졸고 있던 스무 살 먹은 배관 조공 녀석을 깨웠다. 매일 아침 6시에 일어나 출근, 밤 9시가 넘어서 퇴근, 씻고 누우면 11시. 그렇게 주 6일을 일하고 있다. 피곤할 만하다. 나도 피곤타.

21세기 직장에서 동료 직원한테 이놈 저놈 하여서 될 일인가 싶지만, 지금은 이 정도라도 하지 않으면 곤란한 상황이다. 저 친구는 다른 기능공들이랑 일할 때는 조는 일이 없는데 나랑 일할 때마다 꼭 저리 틈만 나면 존다. 내가 편하거나 만만한 것인데 한두 번이면 좋겠지만 계속되면 나도 곤란하다. 작업반장이 안 그래도 눈치를 주고 있다. '조공 관리'를 '단디하라'는 것이다.

배관配管이란 각종 용도의 파이프Pipe를 도면Drawing의 계획에 맞추어 설치하는 여러 작업을 말한다. 상수도·하수도·가스·보일러 등 우리 주위에 널렸지만 사람들이 그 존재를 잘 모르는 각종 파이프가 있다. 그걸 설치하는 작업이다. 바로 이 배관 작업을 하는 기능공과 조공을 모두 배관공이라 부른다. 요즘엔 배관사라는 용어를 더 많이 사용하는데, 일반적으로 배관사는 기능공만을 지칭하는 말이다.

배관 일은 보통 3인 1조로 진행된다. 파이프는 대개 길고, 설치하려면 양쪽에서 들어 올려야 하므로 웬만해선 혼자 할 수 없다. 기능공Pipe fitter, Plumber이 도면에 따라 조공Assistant, Helper의 도움을 받아 파이프를 설치하고 조립하면, 용접사Welder가 연결된 파이프와 파이프 지지대를 용접하여 마무리한다.

배관 일은 요령을 많이 필요로 한다. 같은 파이프를 설치해도 작업 순서에 따라 속도나 노력이 달라지는 경우가 많다. 그래서 어떤 방식으로 작업을 진행해 볼까 많이 고민하게 된다. 나름의 독창적인 아이디어로 작업이 수월하게 끝나 버릴 때는 소소한 쾌감도 느끼곤 한다. 물리학자 아인슈타인은 "다음 생에 태어난다면 배관공이 되고 싶다"라고 말했다 한다. 배관공의 작업이 퍼즐 놀이 같은 재미를 가지고 있다는 사실을 알았으리라 추측해 본다.

선박과 같은 금속 벽면에 파이프나 서포트(지지대)를 설치할 때엔 전기가 통할 수 있도록 용접 부위의 페인트를 벗겨 내야 한다. 이때 주로 이용되는 공구가 그라인더다. 소형의 회전하는 둥근톱이라 생각하면 되는데 톱날 대신 연마석이 있어 쇠를 자르거나 갈아 내는 일을 한다.

그라인더 작업은 꽤 시끄럽고, 쇳가루가 풀풀 날리는 위험하고 번거로운 작업이다. 안전장갑·보안경·마스크·귀마개를 반드시 착용해야 하고, 제법 많은 시간이 소요되는데, 이것이 배관 조공들의 가장 주요한 업무이기도 하다.

근데 이 친구가 그라인더 작업을 한다고 멀찌감치 등을 돌리고 앉아서는 틈틈이 조는 것이다. 졸다가 잠시 깨면 졸지 않은 척 그라인더를 한 번 돌려서 왕왕 굉음을 내고, 또 졸고. 깨면 또 그라인더를 한 번 돌려서 불꽃을 내고, 또 졸고. 이러기를 반복한다. 신기에 가까운 기술이다. 천둥과 번개를 손에 쥔 마술쇼에 가깝다. 저 위험한 연장을 저리 생활 친화적으로 사용하다니. 아무나 할 수 있는 게 아니다.

위태로운 우리 조수님을 위해 뭔가 따끔한 정신교육이 필요한 시점이다. 어찌하면 제대로 교육이 될까 고민을 해 본다. 평생 관리자나 상급자로 일해 본 적이 거의 없어서 어색하다. 사실 누군가를 일 열심히 하라고 책망하는 게 쉬운 일이 아니다. 나만 그럴까. 대부분이 그런 경험 없이 상사가 되고 고참이 된다. 문제는 우리 사회에서 갈등 상황에서의 대화와 소통 방법을 학교에서고 어디서고 가르쳐 준 적이 없으니 이렇게 껄끄러운 상황에서 어떻게 해야 할지 대부분이 잘 모른다는 것이다.

활용할 만한 경험은 내 나이 남자들의 경우, 대부분 군대에서 배운 것뿐이다. 그래서 직장에서 하급자를 만나면 일단 군대식의 용어, 표현, 분위기가 형성된다. 이것이 직장 문화를 만들고 사회 문화를 만들고 학교 문화를 만들고 가정 문화를 만든다. 갈등 상황에서의 대화, 소통, 토론. 이런 것들에 우린 익숙지 않다.

"니는 이렇게 위험하고 시끄러운데도 잠이 오나? 행님이 뭘 하고 있으면 옆에서 보고 배워야지 뭐하노?" 도끼눈을 뜨고 한마디 던졌다.

멋쩍게 웃는 우리 조수 양반. 보통은 "죄송합니다. 행님"이라고 한마디하고 말 텐데, 왠지 오늘은 진지한 표정을 지으며 "어젯밤에 잠이 안 와서 못 잤습니다"라고 한다.

어쭈 이놈 봐라? 그걸 핑계라고 대는 것인가.
"와 잠이 안 왔는데?"
물어보니 이리 답한다.

"행님, 저는 꿈이 없는 것 같습니다."

잠시 말문이 막혔다.
아. 갑자기 이게 뭔 소리지? 뭔 자다가 꿈 같은 소릴

하는 것이지? 꿈인가?

　이 친구는 우리 물량팀에서 나이가 가장 어렸다. 공고를 졸업하고 군대에 가기 전까지 돈을 벌겠다고 조선소 물량팀에 동갑내기 친구랑 함께 들어와 벌써 1년 2개월이 넘게 일하고 있다. 만 나이로 치면 열여덟 열아홉에 이곳에서 첫 노동을 시작해 이제 스무 살 스물한 살이 되어 가는 것이다. 허구한 날 술 먹고 놀러 다니기에 바빴던 스무 살 시절의 나의 모습과 비교해 보면, 정말이지 정직하고 성실한 청년의 모범 같은 모습이라 할 수 있다.

　공업고등학교에서 용접기능사 자격증을 따긴 했지만, 그걸로 용접 실무를 맡을 수는 없었다. 하지만 용접에 대한 기본 지식은 배관 일을 하는 데 필수라, 어린 나이지만 수월하게 일을 시작할 수는 있었던 것 같다. 그때는 조선소 배관 일이 한창 많고 인력은 부족해서, 일한 지 1년 정도만 지나면 보통 조공을 그만두고 초짜 기능공으로 일하곤 했다. 내가 운 좋게도 그런 경우였다. 하지만 두 친구는 기능공이 될 수 없었다. 배관공은 기능공과 조공으로 짝을 이루어야 하는데, 나이가 어려서 자신보다 나이와 경험이 많은 아저씨들을 조공으로 두고 업무지시를 하며 일을 하기 어렵다는 주위의 판단 때문이었다.

　그래서 1년 넘도록 매일 똑같은 단순 업무만 반복했

다. 어차피 기능공으로 일해 볼 기회가 없다는 생각에 적극적으로 일을 배우려는 자세도 점차 줄어들었고, 작업 의지도 떨어지고, 그러다 보니 지각 같은 걸 하는 날이 많아졌다. 같이 일하는 형님들도 매일 잔소리를 해대는, 그런 일상의 반복이었다. 하루 8시간의 노동시간, 주 5일 근무가 지켜지거나 연월차라도 쉽게 썼다면 어째 숨이라도 좀 돌려 볼 수 있을 텐데 조선소 물량팀은 그런 여건도 되지 못했다. 나 역시 토요일에 하루 쉬겠다고 말했다가 "니가 공무원이냐"는 질책을 받은 적이 있었다.

그러다가 아마도 청년은 '어떻게 살아가야 하나'라는 고민에 빠져들기 시작한 것 아닌가 싶다.

세상을 조금이라도 더 살았으니 뭔가 형님다운 대답을 해주고 싶었는데 딱히 떠오르는 게 없었다. 머리를 짜내다 보니 가까스로 유튜브에서 본 유명한 스님의 말씀이 생각이 났다. 대충 이런 말이었던가? 스님 말씀을 제대로 이해한 것인지 모르겠지만, 비슷하게 흉내 내어 보았다.

"사람이 거창한 꿈이 있어야 하나. 없어도 된다. 욕심이 있는 사람들은 욕심대로 살고 욕심이 없는 사람들은 그냥 편한 마음으로 지내면 된다. 억지로 욕심을 내고 뭔가 대단한 걸 하려 하고, 그러지 않아도 된다고 하더라"

적절한 조언이 되었을까?

그런데 정작 나도 궁금하다. 꿈이란 무엇일까? 근사한 직업? 성공? 아니면 행복?

"성공"이란 척도로 바라본 인생과 "행복"이란 척도로 바라본 인생은 사뭇 다르다고 생각한다. 길 가는 사람들 100명에게 "당신은 성공하셨습니까?"라고 물었을 때, 그렇다고 말할 사람은 과연 몇이나 될까? 10명 정도는 될까? 하지만 그 100명에게 "당신은 행복하십니까"라고 묻는다면 그래도 절반은 "대충 행복하다"라고 답하지 않을까?

직업의 선택과 직장생활을 성공이란 척도로 바라보면 참 갑갑해진다. 성공은 흔히 사회적 지위나 계층과 연관되기 때문이다. 나의 눈보다는 타인의 눈으로 바라본 인생의 점수. 그게 주로 성공의 척도가 된다. 그래서 등수와 같은 것으로 비교되기가 쉽다. 몇 등 대학을 나왔는가, 몇 번째 가는 기업에서 일하는가, 얼마나 어려운 경쟁시험을 통과하였는가로 측정된다. 숫자로 환산이 되는 것, 예를 들면 재산 같은 것이 비교의 중요한 근거가 된다. 얼마짜리 집에 살고 어떤 급의 차를 몰며, 어떤 상표의 시계를 차고 얼마짜리 가방을 들었는지를 중요하게 여기는 것은, 그것이 '성공의 지표'이기 때문이다. 그리고 성공의 척도로 바라본 인생에서는 직업이나 노동 또한 촘촘히 등수 매겨진 신분 증명 중의 하나가 되어 버린다.

여기에 반해서 '행복'이란 척도로 바라보면 조금 수월해진다. 행복이란 척도는 타인의 눈으로 바라보는 것이 아니라, 나의 눈으로 바라보는 것이기 때문이다. 직업을 달성해야 할 어떤 목표로 생각하지 않는다. 직업과 노동은 하나의 수단일 뿐이다. 가난하고 아픈 사람들을 돕겠다는 목표가 있다면 그곳으로 향해 가는 수단은 여러 가지 중 선택할 수 있다. 의사가 되면 좋을 것이다. 하지만 간호사가 되거나 간병인이 되거나, 사회복지사가 되어도 좋다. 불필요한 경쟁으로 시간과 노력을 과도하게 낭비하지 않아도 되니 더 나을 수도 있다. 그리고 그러한 노동을 통해서 '존재감과 보람'을 찾을 수도 있을 것이다.

아예 직업이나 노동에서 특별한 목표나 재미를 기대하지 않아도 좋다. 최소한의 노동으로 생존을 유지하고, 자연과 함께하는 무위의 삶을 추구하는 것도 행복의 척도로 본다면, 그저 좋은 것이다.

스무 살의 사회초년생의 첫 직장생활. 많이 힘들어 보인다. 하지만 그가 찾으려고 하는 그 꿈이라는 것이, 성공의 꿈이 아니라 행복의 꿈이었으면 좋겠다. 성공의 꿈에는 항상 패배자가 있지만, 행복의 꿈은 승패를 나누지 않으니까.

　아직 스무 살이고 배관 일은 이만큼 경험해 보았으니 뭔가 다른 일을 경험해 보는 것도 나쁘진 않을 것이다. 그래서 이렇게 또 조언해 보았다.

　"니가 좋아하는 일이 뭐냐? 너무 거창하게 '나는 꿈이 뭔가' 이런 거보다, 내가 평소에 좋아하는 게 뭔지부터 한번 편하게 생각해 보면 안 되겠나?"

　적절했을까? 너무 흔하고 평범한 이야기 아니었을까? 그런데 자신이 좋아하는 게 뭔지 확실히 알고 있는 사람이 과연 몇이나 있을까? 사실 나도 잘 모른다. 내가 뭘 좋아하는지.

　다음날 우리 조수 양반께서 어제보다는 조금 더 밝아진 얼굴로 이야기했다.

　"행님, 연예인 매니저가 되어 볼까 하는데 말입니다"

　"아?"

　연예인 매니저? 그런 게 왜 하고 싶지? 지금 생각해 보니 그것도 재미있어 보이는데, 그때는 사실 이해가 되지 않았다. 하지만 내가 좋아하는 일을 남에게 강요한다고 될 일인가. 자신이 좋다면 될 일이다. 어쨌든 표정은 좀 좋아졌다. 잠을 못 잔 얼굴도 아니다.

　그런데 좋아하는 한 가지를 발견했으면 그다음은 무

엇이어야 할까? 무조건 그 일로 달려가는 것일까? 다행히 이번에도 스님이 유튜브에서 비슷한 이야기를 한 게 기억이 났다. 다시 한번 흉내 내어 비슷하게 읊어 보았다.

"근데 말이다. 사람이 좋아하는 일을 하면서 그기 돈이 안 되는 경우가 많다더라. 그래서 되도록 내가 좋아하는 일을 하되, 최소한 먹고살 수는 있는 일이나 기술을 같이 준비하면 좀 안정적이지 않겠나. 그래서 좋아하는 일. 돈 되는 일. 요렇게 두 개쯤 준비하면 좋다고 하던데, 먹고살 만한 돈 되는 일을 뭘 하면 좋을까 함 생각해 봐라."

조수 양반이 평소에 내 말을 이리 잘 듣는지 몰랐다. 시키는 작업은 마냥 잊어버렸다고 안 하더니 요즘 진로 고민에 대한 숙제는 밤마다 고심해 보는 듯하다. 주말이 지난 다음 월요일 저녁. 오늘은 연장근무 없이 일찍 일을 마쳤다. 일찍 마치니 기분도 좋고, 청춘들을 꼬드겨 돼지국밥을 한 그릇 사주마 하며 나섰다. 소주도 한잔 사고. 함께 온 스무 살 청년들 칭찬을 한참 했다. 스무 살을 난 어찌 보냈나. 되돌아보니 많이 부끄러웠다.

그리고 물어보았다.

"그래, 돈 되는 일은 어떤 걸 좀 고민해 보았냐?"

사실 내가 더 궁금했다.

그런데 이놈 대답이 가관이다.

"행님, 보도방은 어떨까요. 제 친구가 보도방에서 일

을 좀 하는데. 겁나게 돈을 벌고 있다고."

보도방이란 성매매 소개소를 말한다. 진심이었을까, 아니면 나를 놀리려는 것이었을까. 이 쉬키.

"야, 이노무 쉬키야, 가난하고 오갈 데 없는 여자애들을 도와주지는 못 할망정 그걸 등쳐 먹고 사는 게 사람이 할 짓이냐. 확 마!"

좋아하는 일: 방송 연예 관련 업무
생계를 유지할 만한 일: 보도방 등 범죄행위를 제외한 어떤 일

4, 5일 정도 진로 고민을 하며 그라인더를 쥐고 꾸벅꾸벅 졸던 조공 선생께서는 대충 이 정도로 진로 고민을 중단하고는 이내 다른 일로 바빠졌다. 생애 첫 해외여행을 준비한다고 분주해진 것이다. 좋아하는 걸 꼭 오늘 찾아야만 하는 건 아닐 것이다. 여행을 다니다가 또 다른 '좋아하는 일'이 생기고 새로운 선택을 할 수도 있지 않겠나.

그리고 아무 일이나 닥치는 대로 마음에 들어 하는 낙천가가 있는가 하면 어떤 일도 그냥 다 마음에 안 들어 하는 나 같은 만성 불평꾼도 있을 수 있다. 어쨌든 서두를 필요가 없다. 살아가며 천천히 결정해도 될 일이다. 모차르트와 마이클 잭슨 같은 천재들은 다섯 살 어린 시절부터 음악을 시작했다지만 난 그들이 행복했다는 이야기를

들진 못했다.

오늘 하루 나의 노동이 그럭저럭 괜찮았다면 충분하지 않을까.

행복을 꿈꾸는 일터가 되었으면 좋겠다. 학업을 꿈꾸는 친구들은 진학을 하고 딱히 학업에 관심이 없는 친구들은 건강하게 노동하며 '나는 무엇을 하고 살면 행복할 수 있을까?'를 찬찬히 고민해 보는 그런 일터.

찬란한 태양과 같은 나이의 청년들을 마치 이 사회의 패배자인 듯 낙인 찍고 열악한 노동환경과 저임금을 수형 생활의 형벌처럼 강요하는 것이 오늘의 현실인 듯하다. 옳지 않다. 서울대 법대에 진학하든 조선소 배관공으로 취직하든 스무 살의 얼굴은 태양처럼 빛나야 한다. 그늘져서는 안 된다.

조수 선생은 어제까지 죽을 것 같던 얼굴이더니 여행 간다고 다시 쌩쌩하다. 아침저녁으로 웃는다. 형님들의 온갖 놀림과 욕설에 여전히 시달리고 있지만, 최소한 잠을 못 자는 것 같진 않다. 별거 아닌 것에 상처받는 연약한 나이가 스무 살이기도 하지만, 자고 나면 나아 버리는 무서운 회복력을 가진 게 스무 살이기도 하다. 잘 헤쳐 나가겠지. 부럽다.

근데 사실 내가 지금 스무 살 청춘들을 걱정할 때인

가. 내 걱정을 해야 한다. 쿨럭쿨럭.

아, 근데 저 쉬퀴, 또 졸고 있네.

백야白夜

조선소에서는 아침에 출근하면 TBM이란 것을 한다. Tool Box Meeting의 약자인데 현장에서 그날 작업의 위험요소를 찾고 특별히 조심하자고 다짐하는 시간이다.

작업반장이 평소와 달리 피곤한 사람이 있냐, 혈압이 높은 사람이 있냐 물어본다. 혈압은 없지만 피곤하다. 슬쩍 손을 들려 했지만, 옆에서 동료가 내 팔을 꼭 쥐고 고개를 도리도리하고 있었다. 그렇다. 지난번 토요일에 쉬겠다고 손들었다가 "니가 공무원이냐"고 핀잔을 들었지 않나. 반장의 심기를 자꾸 건드려서 좋을 거 없다. 동료들이 피곤해진다.

매일 오전 6시에 일어나서 저녁 7시에 귀가. 아니면 연장근무하고 밤 10시 반에 귀가. 이렇게 주 6일 근무가 일상인데 안 피곤하면 이상한 거 아니냐. 안 피곤한 사람 손들라고 해야지. 속으로 투덜거린다.

그건 그렇고, 오늘따라 평소에 하지 않던 질문을 왜 하는지 궁금했다. 나중에 동료들에게 들으니 맞은편 상선에서 작업하던 파워공이 어제 죽었다는 것이다.

'파워 작업'이란 도장塗裝 작업 직전에 배의 이물질

을 제거하고 정리하는 작업을 말한다. 배를 만드는 공정은 이렇다. 먼저 철판으로 배의 껍데기를 만든다. 그리고 그 안에 배관과 전기장치를 설치한다. 그다음 녹슬지 않도록 페인트칠을 한다. 페인트를 칠하려면 주변을 깨끗이 치우고 용접 자국이나 녹슨 표면 그리고 여타 이물질을 모두 정리해야 하는데, 이것이 파워 작업이다. 주로 사용하는 것은 묵직한 7인치 그라인더다. 무겁고 위험한 데다가 쇳가루와 먼지가 어마어마하게 일어난다. 그래서 공기주입호스가 달린 잠수복 같은 방호복을 입고 작업을 한다. 공구도 무겁고 진동과 소음도 강하며 작업 자세도 힘들어 조선소에서 육체적 강도가 가장 높은 업무 중의 하나로 인식된다.

그라인더 작업이 끝나면 샌딩 또는 블라스팅 작업 Sand blast을 한다. 소방 호스 같은 것으로 모래 가루를 고압으로 선박 표면에 쏘아서 표면이 반질반질하도록 갈아 내는 것이다. 이 또한 위험할 뿐만 아니라 먼지가 어마무시하게 일어난다. 먼지 폭풍 수준이다. 어쩌다가 배관 작업을 빨리 끝내지 못하거나 불량을 내 버리면 이 먼지 속에서 작업해야 할 경우가 있다. 난리도 그런 난리가 없다.

공기工期(작업 기한)가 아주 다급했나? 극강의 노동 강도인 파워 작업을 어제 밤샘으로 하였단다. 심지어 다음날 오전까지 일하던 청년은 점심 무렵에 쓰러져서 이내 죽었다고 한다. 그의 나이 고작 서른둘이었다.

과로사는 영어나 여타 다른 나라 말에는 없는 단어라고 한다. 과로사를 뜻하는 일본의 단어 가로시かろうし, Karoshi가 그대로 영어로 사용되었고 최근엔 한국어 과로사過勞死, Kwarosa가 해외 언론에 사용되고 있다고 한다.

2023년 3월 호주의 ABC에서는 "한국엔 과로사라는 말이 있는데 극심한 노동으로 인한 심부전이나 뇌졸중으로 돌연사하는 것을 일컫는 단어"라며, "지금도 가장 오래 일하는 나라에서 정부가 69시간 노동시간을 추진하려 한다"라는 뉴스를 내보냈다고 한다. 우리나라의 과로사와 장시간 노동이 다른 나라에서는 재미있고 흥미진진한 뉴스거리인 것이다. 참고로 호주의 법정 근무시간은 주 38시간이다.

몇 년 전 경남 양산에서 일하던 이주노동자 한 명이 자다가 사망했다. 20대였던 청년은 교대근무 이후 방에서 잠을 자다가 죽었다. 외국인 노동자 상담소에서 청년의 사망 원인을 의사에게 밝혀 달라고 요청했는데 의사 선생님은 이리 대답했다고 한다.

"동남아시아 청년들에게 자주 발생하는 돌연사 증후군인 듯합니다."

처음 들어본 이야기에 당황스러웠다. 명색이 의료 전

문가의 대답인데, 이런 용어가 정말 있는 건가? 동남아시아 청년들은 정말 자다가 돌연사하는 경우가 많이 발생하는 것인가?

하긴 과로사라는 단어가 없는 나라에서는 일로 인해 지쳐서 심장이 멈추는 것을 이해하지 못하고 '돌연사'라거나 '알 수 없는 죽음'이라고 말할 수도 있겠다. 그렇다. 일하다가 죽는 경우가 잘 없으니 피곤해서 잠결에 심장이 멈추는 게 말마따나 돌연사이지 뭐겠는가.

하지만 과로사의 나라 한국의 의사이지 않은가. 어떻게 그런 대답이 나오는 것이지? 욕을 해 주고 싶었다.

그런데 '브루가다 증후군'이라는 게 있다는 걸 최근에 알게 되었다. 분당서울대학교병원 희귀질환센터 홈페이지 자료에서는 여덟 가지 형태의 희귀한 심장 질환을 소개하고 있는데, 이 중 하나가 브루가다 증후군이라는 유전병으로 심장에 치명적 질환이라고 한다. 그런 의학 소견이 정말 있긴 있었다.

하지만 그놈의 희귀병은 왜 한국에만 오면 희귀하지 않은 병이 되는가를 따져 봐야 하지 않을까? 2022년 4월 『경향신문』 기사에 따르면 2017년부터 2021년까지 5년간 한국에서 숨진 태국 국적의 이주민 535명 중 213명(39.8%)이 '사인 미상', '돌연사'라고 한다. 베트남과 필리핀을 포함한 이주노동자 전체의 사망 사례 중 3분의 1이

사인 미상과 돌연사이며, 대부분 '심근경색 의증'이다. 심장마비로 죽었다는 소리다. 이들은 정말로 동남아시아의 청년들에게서 자주 발생한다는 그 희귀병으로 사망한 것일까? 희귀병 운운하기 전에 그들의 근무 현황과 노동시간을 판단해 보는 게 먼저 아닐까? 희귀병이란 확실한 증거가 없다면 과로 등 업무로 인한 죽음일 것이라고 봐야 하고, 만약 그에게 희귀병이 있었음이 확실했다 하더라도 과로로 인해 기존 질환이 더욱 악화하여 사망에 이르게 된 거라고 판단하는 게 전문가다운 답은 아니었을까? 나는 그리 생각되는데 말이다.

법무부 통계를 보면 2017년부터 5년간 선원으로 일하던 미얀마, 베트남, 인도네시아, 중국 이주노동자 중 사망한 이가 98명인데 그중 62명(63%)이 '사인 미상'으로 확인되었다. 사인 미상의 대부분은 원인 모를 심정지이다. 사망 원인의 63%를 차지하는 희귀병이 있단 말인가. 그거 참.

목포의 한 조선소에서 일할 때였다. 조장이 철야 근무를 해야한다고 통보했다. 물어보지도 않는다. 그냥 하라는 것이다. 철야 근무를 두어 번 해본 경험이 있어서 웬만하면 안 하고 싶었다. 돈도 좋지만, 일주일 내내 몸이 아프기 때문이다. 작업할 곳은 우리 쪽이 아니라 내일 시험 운전을 나가는 이웃 선박이었다. 아직 작업 마무리가 안 되었으니 가서 일을 좀 해 줘야 한다고 했다.

'내일 시험 운전 나간다면 큰 작업은 대충 다 끝났을 것이고 어영부영 시간이나 때우다가 어디 구석에서 좀 졸다 보면 아침에 퇴근하겠지?' 이렇게 나름 긍정적인 생각을 하고 작업할 배에 올랐다. 그러나 웬걸? 내일 나갈 배가 페인트칠도 안 되어 있다. 이거 어쩌자는 것인가?

철야 작업의 책임자가 막대용접기(피복 아크 용접기)를 나에게 들려주며 가접假接을 좀 하라고 한다. "저기요, 저는 용접공 아닌데요. 배관공인데요." 말해 보았지만 괜찮단다. 빠진 시설물의 위치만 잡으면 된다는데 내일 바다로 나갈 배를 가접을 하면 어쩌자는 것인지 알 수 없다.

어쨌든 책임자가 시키는 대로 아직 배에 설치되지 않은 여러 시설물을 붙이기 시작했다. 용접기와 전기선과 용접봉 그리고 용접면을 들고 허겁지겁 갑판을 돌아다니는데, 아이고야. 옆쪽에서는 한 무리의 아주머니들이 부지런히 페인트를 칠하고 있다. 내가 옆에서 불꽃을 사방에 튀기고 있는데 곁에서 페인트와 시너를 섞어서 칠을 하는 것이다.

도대체 이게 뭔가. 내일 시험 운전을 준비하는 것인가 아니면 선박 방화放火를 준비하는 것인가. 우리는 "아주머니, 좀 떨어져서 일하세요" 목소리를 높이고, 도장팀은 "아저씨가 좀 떨어져서 일하라"고 큰소리를 낸다. 이쪽에선 내일 나갈 배에 핸드레일(갑판의 난간 손잡이)은 붙이고 나가야 하지 않냐고, 저쪽에서는 내일 나갈 배 '뺑끼'는 바르고 나가야 하지 않냐고 고함고함. 이게 뭐냐 말이다. 세계제일 조선 강국이라더니.

그렇게 새벽 4시.

정신이 몽롱하다. 철야 근무를 할 때마다 호접몽胡蝶夢 이야기가 떠오르곤 했다. 꿈인가 현실인가의 경계선에 서 있는 기분. 그라인더를 들고 꽤 높은 곳에서 작업 중인데 그라인더가 내 몸처럼 편안하고 작업대가 높아도 무서운 게 느껴지지 않는다. 내가 그라인더인가 그라인더가 나인가. 그라인더로 갈아낸 용접 자리가 반질반질해진다. 때깔이 참 곱다.

5시 반에 작업을 마무리하고 배에서 내려왔다. 여전히 의식이 몽롱하다. 어서 출퇴근 카드를 찍고 집에 가야 한다. 뇌는 아무런 사고를 하지 않는다. 생각에는 에너지가 많이 소모된다. 모든 에너지는 오직 걸음과 호흡에 사용해야 한다. 의식을 잃으면 안 된다. 정신 차려. 걸어서 간 건지 기어서 간 건지 모르겠지만 겨우겨우 탈의실에 갔다. 이제 카드 찍고 집에 가야지 생각하고 있는데, 작업 조장이 퇴근카드를 삑 찍더니, 어라? 다시 출근카드를 삑 찍는다. 그리고 8시에 또 나가야 하니 여기서 좀 쉬라고 한다. 뭐라는 거야, 이 쉬키가.

다음 날 내가 12시까지 일했는지 저녁 6시까지 일했는지 기억이 나지 않는다. 무슨 작업을 한 건지도 지금은 기억이 나지 않는다. 그냥 뽀얀 구름 속에서 하루를 보냈던 것 같다. 철야 근무든 야간 근무든 다음 날이 또렷이 기억이 나는 경우가 거의 없다. 그래도 난 다행일까. 어쨌든 지금 살아 있으니 말이다.

어느 날, 하루는 너무 피곤하고 힘들어서 함께 일하는 서울 형님에게 하소연했다. 서울서 살다가 늦깎이로 노동판에 나선 형님이었다.

"행님. 제가 요새 너무 생각 없이 일하는 거 같습니다. 분명히 출근할 때는 정말 쪼금만 일해야지 생각하는데 일하다 보면 까먹고 또 열나게 일하게 됩니다. 아…. 생각을 하고 일해야 하는데 생각이 없어, 생각이…."

형님이 나더러 정신상태가 글러 먹었다고 했다.

"쪼금만 일하겠다고 생각하는 것부터 잘못된 거야. 나처럼 오늘도 절대로 일하지 않겠다고 생각해야지. 생각이 썩었어, 너는."

그렇다. 근무 태도가 좋아야 한다. 내일 아침에도 눈 뜨고 싶다면 말이다.

우리 집은 내 손으로

"오늘 데마찌입니다."

인력사무소 소장의 한마디에 사람들이 주섬주섬 일어난다. 말이 없다.

대마…? 뭐라고?

왜 다들 일어나는 것일까? 사람들이 자리를 비우고 나서도 나는 십여 분을 더 앉아 있었다. 왜 떠나는지 알 수 없었다. 어딘가 한꺼번에 가는 현장이 있는가 보다 하고 생각했다.

잠시 있으니, 인력사무소 소장이 자리에서 일어나 나 보고 "같이 사무실 청소 좀 합시다"라고 한다. 뭐 이런 걸 시키나 싶었지만, 그래도 소장에게 잘 보이면 좋지 않겠나. 같이 실내를 청소했다.

청소가 끝나자 인력소장이 불을 끄며 사무실에서 나가려 한다. 그리고 나에게 한마디했다. "내일은 일이 좀 있을 것이니 오늘은 집에서 좀 쉬이소."

아. 그제야 깨닫게 되었다. 데마찌. 일이 없다는 뜻이다. 공치는 날.

데마찌. 인터넷 검색을 해보니 테마치てまち|手待ち라는 일본어가 나온다. 작업 시간 중에 일거리가 없어 손을 놓고 있는 상태를 뜻한다.

건설용어에는 일상에서 잘 쓰지 않는 알 수 없는 말들이 가득하다. 주로 일본말에서 유래한 게 많다. 건설업이 근대 기술이고 일제 강점기에 유입되었으니 어쩔 수 없어 보인다. 하지만 대부분의 영역에서 일본말이 사라지고 있는데 유독 건설현장에서의 일본식 용어들은 좀체 사라지지 않는 이유가 무엇인지 따로 연구가 필요할 것도 같다.

곰방(자재 운반), 삿보도(서포트, 지지대), 야리끼리(돈내기, 성과급, 할당된 업무가 마무리되면 조기 퇴근), 데모도(시다, 보조, 조수), 함바(현장식당), 공구리(콘트리트), 하스리(평탄 작업), 자바라(주름관), 우마(받침대, 1단 사다리), 오함마(해머), 반생이(가는 철사), 빠루(긴 장도리), 바라시(목공 해체 작업), 사게부리(수직추), 나라시(고르기), 시마이(끝, 마무리), 오사마리(정리, 마무리), 대나오시(불량, 재시공), 오야지(책임자)…

처음 일을 시작하면 용어 때문에 참 애를 먹는다. 이 땅은 한국이고 동료들은 한국인이며 나의 모국어는 한국어인데도 마치 이국에 온 외국인 노동자의 심정이 된다. 각종 연장과 재료의 이름들이 낯설고 작업의 명칭들이 아직 낯선 초보 건설인력이라 어쩔 수 없는 점도 있지만, 한국어로 말해도 낯선 용어들을 굳이 어려운 일본어로 하니 더욱 난감한 것이다.

노가다라는 용어 또한 토목공사 종사자를 뜻하는 일본어 도가타どかた에서 온 말이라고 한다. 더러는 노가다라는 말이 영어 NO와 일본어 '가다'가 섞여 '폼이 나지 않는 일', '세련되지 않은 일'이라는 의미라고도 하는데 구체적인 어원은 확인되지 않았다.

일이 없다는 소식에 표정이 어두워지는 사람도 분명히 있다. 하지만 다들 그런 것만은 아니다. 성실한 삶이 아무리 좋다 해도 주당 4일 정도만 일하는 세계를 꿈꾸는 나 같은 게으름뱅이들도 때로 있지 않을까. 가까운 찻집을 찾아 진한 차 한잔을 마시는 것도 좋고, 아무 방향으로든 산책을 나서는 것도 좋다. 아무 길이나 산책을 나서서 걷다가 분위기 좋은 까페를 만나면 그건 더 좋다.

김남주 시인은 자녀의 이름을 토일이라고 지었다고 한다. 김토일. 한자로 쓰면 金土日이다. 주 4일 일하고 금, 토, 일, 주 3일 쉬는 나라에서 살아가라고 지어 준 이름이라고 한다. 멋지지 않나. 역시 아무나 시인이 되는 게 아니다.

　최근 들어 커피숍이 참 많이 생겼다. 가격은 그리 싸진 않다. 한잔 커피값이 한 끼 밥값과 맞먹지만 그래도 굳이 들어가 앉아 본다. 진한 커피 향을 맡으며 나무 테이블에 팔을 올려놓으면 왠지 '나는 여유가 있는 사람이다'라는 착각에 빠져든다. 실지로 내 인생에 여유가 있는가는 잘 모르겠지만 통장에 찍힌 숫자가 상징하는 의미를 잊고 잠시나마 풍요로움을 느껴 본다.

　모든 건설현장이 그런 것은 아니지만 날씨에 따라 조업이 좌우되는 경우가 많다. 건설현장도 그러하고 조선소의 경우도 그러하다. 많은 경우 비가 오면 쉬게 된다. 비가 오면 쉬는 직장. 이거 낭만적이지 않은가?

　출퇴근과 근무조건이 모두 안전하게 스케줄로 정해져 있고, 출근이 어려우면 집에서도 일하고, 휴대전화로도 일할 수 있는 세상이다. 그리고 그렇게 일할 수 있는 직업을 갖기를 많은 사람들이 바란다. 하지만 뒤집어 보면 세상 어디에서도 피할 수 없는 노동의 족쇄를 찬 삶이지 않은가. 직업의 세계란 그렇다. 모든 면에서 좋을 수는 없다. 장점을 뒤집으면 단점이 된다.

내가 커서 아빠처럼 어른이 되면

우리 집은 내 손으로 지을 거예요

어릴 때 이런 노래를 흥얼거렸던 기억이 떠오른다. 초등학교에서 음악 시간에 배웠는데, 노랫말이 좋아서 즐겨 흥얼거렸던 것 같다. 카세트도 거의 없던 시대였지만 입에서 입으로 구전口傳되어 모두가 흥얼거리게 되었으니, 요즘으로 치면 밀리언셀러 히트곡이라 봐야 하지 않을까 싶다. 이 〈우리 집〉이라는 노래는 정하나라는 분이 노랫말을 만들고, 박홍수라는 분이 멜로디를 만드셨다. 박홍수 님은 동요 〈진달래꽃〉도 작곡하신 분이라고 한다. 아름다운 동요를 부르면서도 누가 그 노래를 만들었는지 모르고 있었으니 안타깝고 미안한 마음이 든다.

노래를 떠 올리며 한 가지 궁금증이 생겨났다. 우리가 어릴 때 노래하던 가사 속 어른은 '집을 구매해서 소유할 수 있는 사람'을 말하는 것일까, 아니면 '집을 지을 수 있는 사람'을 말하는 것일까? 노래가 말하는 사람은 '어른'이라는 동일한 사람이었지만 어느덧 집을 소유한 어른과 집을 짓는 어른이 다른 범주가 되어 버렸다.

그리고 안타깝게도, 집을 소유한 어른이 되는 것은 근사한 꿈이지만 집을 만드는 어른이 되는 것은 그다지 근사한 꿈이 되지 못하는 세상이다. '폼이 나지 않는 직업'이 되어 버렸기 때문이다.

현실에 맞추어 노래 가사를 이렇게 바꾸어 보자.

내가 커서 아빠처럼 어른이 되면

우리 집은 내 돈으로 지을 거예요

적절한 변주이긴 하지만, 아…. 좀 이상하다.

농사와 같이 건축과 토목은 인간의 삶에서 떼어내기 어려운 기본적인 활동이자 친근한 노동이다. 살면서 누구나 한 번쯤 삽질을 해 보았을 것이며 한 번쯤 페인트 작업을 해 보고 한 번쯤 시멘트 작업과 전기 배선 작업을 해 보게 된다. 그만큼 생활 친화적이고 쉽게 접할 수 있는 노동이다.

현대에 들어 목공 활동과 DIY 활동도 매우 활발해져서 이젠 취미생활로 가구나 인테리어 정도는 직접 하고, 아예 직접 집을 지어 올리는 경우도 흔하다. 많은 사람들이 취미 혹은 퇴직 후 부업으로 건축 기술을 배우고 싶어 한다. 동호회나 공방 또한 곳곳에 차려져 있다.

예수님의 양아버지 요셉은 목수였다고 한다. 그렇다면 아마도 예수 또한 서른 이전까지 목공업을 했을 것이라 추측할 수 있지 않을까? 다시 말해 청년 예수 또한 건축 노동자이며 건설 노동자였을 것이다. 그렇다. 예수님도 노가다꾼이었을 가능성이 높은 것이다.

이렇게 아이들의 노래에도 나오고, 생활 주변의 익숙

한 노동이며, 심지어 신성하기까지 한 건설 노동은 그러나 이 나라에서 대우가 참으로 형편이 없다. 직업적인 만족도도 그리 높아 보이지 않으며 "나는 자라서 건설 노동자가 되는 게 꿈입니다"라고 말하는 아이들도 없다.

정확한 조사가 필요하겠지만 아마도 기피 직업의 1~2위를 다투지 않을까 추측해 본다. 너무 인기가 없다.

왜 이렇게 인기가 없을까. 그건 물론 건설 노동의 열악한 현실 때문일 것이다. 직업 자체의 문제는 아닐 것이다.

산재사고 사망의 절반을 건설 노동이 차지하고 있다. 건설일이란 일단 목숨을 걸고 하는 것이라는 게 지배적인 인식이다.

건설현장이 위험하기만 한가? 무분별한 중층적 하청 구조는 거의 대부분의 건설 노동자를 비정규직 단기 고용 상태로 빠뜨렸다. 물론 어떤 사업장이든 정규직이 존재하고 계절 사업 등에는 단기 고용이나 파견근로 등을 사용할 수도 있다. 하지만 건설현장에선 온통 비정규직이다. 아무리 계절적 사업이고 한시적 사업이라 하더라도 최소한의 정규인력은 있어야 하는데 말이다.

작업할 때마다 새로운 인물들과 새로운 작업을 하다 보니 팀워크라는 것도 없고 조직적인 질서란 것도 없다. 단가 후려치기와 짧은 건설 공기는 빨리빨리 작업하길 계속 재촉하는데 복잡한 하청 구조로 인해 손발이 제대로 맞지 않는다. 가뜩이나 위험한 현장에 질서도 화합도 없으니 사고가 매번 터져 나오는 것은 어찌 보면 당연한 일. 어쩔 수 없이 현장소장이나 반장 등 완장을 찬 사람의 강력한 지시만이 현장의 질서를 버티는 힘이 된다. 명령과 강제만이 지배하는 직장에서 직원들의 업무만족도가 좋을 리 없고, 직업적 자긍심이 높아질 이유도 없다.

위험하고 산만하고 강압적인 데다가 기본적인 복지체계마저 부족하다. 휴게시설 등은 고사하고 화장실도 제대로 없다. 화장실의 개수는 항상 부족하며, 멀고, 비위생적이며, 남녀의 구분조차 없는 경우가 많다. 기본적인 생리현상조차 해결되지 않으니 건설 인력의 직업적 자긍심은 떨어지고 회피할 직업이 된다. 공급 인력은 점점 더 줄어들고 결국엔 모두 이른바 수입 노동력으로 대체되고 있다. 눈대중으로 볼 때 웬만한 건설현장에서 이미 절반쯤은 외국인 노동자다.

어쩌면 가장 인기 있어야 할 일터가 인기 빵점이 되어 버렸다.

비가 오면 쉬는 낭만적인 직업, 한 장소에 얽매이지 않고 세상을 두루두루 구경하며 돌아다닐 수 있는 직업, 가장 단순한 노동에서 가장 복잡한 기술까지 어우러져 사회초년생의 아르바이트에서부터 전문기술직까지 포용하는 직업.

건설 노동은 어쩌면 국민 노동이어야 하지 않을까?

청년들에게는 '노동시장으로의 진입점'으로써 중요한 역할을 해줄 수 있고 경기불안과 구조조정의 시기에 실업의 완충지대로서 기능할 수 있는 노동. 누구에게나 친근한 생활 친화적 노동. 이것이 건설 노동의 가능성이다.

누구의 집에나 선반 한 켠에는 안전모와 안전화가 가지런히 놓인, 국민 노동으로 편안하게 받아들여지는 건설 노동. 그런 그림을 상상해 본다. 몇 가지만 의지를 가지고 고쳐 나가면 가능할 것 같은데 왜 3D니 하며 버려두는 것인지 모르겠다. 건설은 우리 생활의 일부인데 말이지.

우리 이제 다들 커서 아빠처럼 어른이 되었으니, 우리 집을 내 손으로 지어 보면 어떨까. 문득 알아차리게 되었다. 동요 속의 가사는 '내 집'이 아니라 "우리 집"이었다. 아하.

버튼맨 그리고 단순노동

CNC는 Computer Numerical Control의 약자로, 컴퓨터로 수치를 제어하는 일련의 작업을 말한다. 예를 들어, 연필깎이를 손으로 돌리면 수동 목재 가공이지만, 방향과 속도를 수치로 넣어 자동으로 깎으면 CNC 연필깎이 기계가 되는 셈이다.

CNC 기계를 조작하고 다루는 사람을 CNC 오퍼레이터라고 한다. 연필깎이에 필요한 연필심의 길이와 두께를 설정하고 이를 기계에 입력하여 작업을 수행하는 역할을 하는 사람인데 이들을 통해서 정밀가공이 진행된다. CNC 오퍼레이터는 인기가 많은 직업이다. 지인의 말에 따르면 공고에서 인기학과이고 대학에서도 인기가 있다고 한다. 다양한 쓸모만큼 많은 일자리가 있고 총기와 같은 재래식 무기도 이것을 통해 만들어 내니 국방산업으로 보호 육성한다고 한다.

하나의 기계에 보통은 1명의 오퍼레이터가 배치되지만, 사장님의 입장에서 오퍼레이터가 1대의 기계만 돌리는 건 아까운 일이다. 월급이 4백만 원인 오퍼레이터를 다섯 명 고용하는 것보다는, 월급 5백만 원인 오퍼레이터

하나에 월급 2백만 원인 미숙련 노동자 여덟을 고용해서 24시간 공장을 돌리면 남는 게 더 많다.

이리하여 컴퓨터 수치제어에 대해 잘 모르는 초보 작업자들이 생산에 투입되는데, 주로 일자리를 찾아 외국에서 온 노동자들이 그 자리를 채우고 있다. 더러는 한국인이 채용되기도 하는데 내가 그런 경우였다. 우리 공장에서는 그리 부르는 사람이 없었는데 나중에 알고 보니 나처럼 기계에 대한 이해와 경험이 부족해서 단순한 반복 조작만 하는 사람을 "버튼맨"Button-man이라고 부른다고 한다. 버튼맨이라. 어감이 썩 좋지는 않다.

공장에 들어갔을 때 직원은 거의 20명 정도였다. 필리핀에서 온 노동자가 5~6명, 파키스탄에서 온 친구들이 5~6명 그리고 방글라데시와 우즈베키스탄에서 온 친구들이 있었다. 나이는 다들 나보다 적어서 모두 나를 "형님"이라 불렀다. 그런데 나중에 보니 한국인이면 아무나 형님이라 부르고 있었다. 회사에는 사장님, 과장님, 대리님이 있고 나머지 한국인은 일단 형님이다.

새로 온 한국인 '형님'이 관리자인 줄 알고 많이들 경계하더니 CNC 기계 앞에서 더듬더듬 기계를 배우자 어느새 경계가 풀렸는지 이런저런 것들을 물어본다. 특히 필리핀 친구들과 대화를 많이 하게 되었다. 나의 잉글리 쉬는 매우 스투피드 했지만, 그것도 더듬더듬 하다 보면 어찌어찌 대화가 되었다.

필리핀 친구들은 보통 한국어가 서툴렀다. 그동안 내가 만난 필리핀에서 온 노동자들이 대부분 그랬다. 금방 한국어와 한국문화에 적응하는 베트남 출신 노동자들과 많이 차이가 났다. 그런데 필리핀에서 온 노동자들이 왜 한국어가 쉽게 늘지 않는 것인지 금방 이해할 수 있었다. 어눌한 한국말을 할 때 한국인들의 반응과 유창한 영어를 할 때 한국인들의 반응이 눈에 띄게 다르기 때문이다. 나 역시 같은 상황이라면 영어를 쓰지 한국말을 쓰진 않을 것 같았다.

어쨌든 필리핀에서 온 고참 노동자들은 굳이 부탁하지 않아도 한국인 초짜 직원에게 이것저것 여러 가지 작업 요령들을 친절하게 가르쳐 주곤 했다.

작업 자체는 매우 단순했다. 기계에 문제가 생기면 빨간색 고무를 씌워 놓은 비상정지 버튼을 누른다. 버튼을 누르면 기계는 무조건 동작을 멈추는데, 재가동하려면 비상정지 버튼을 왼쪽으로 돌려 뽑아 주면 된다. 작동 요령도 간단하다. 우선 기계의 문을 연다. 미닫이 창문 같이 생긴 것인데, 오른쪽에서 왼쪽으로 당기면 열린다. 문이 달린 이유는 절삭유가 엄청나게 쏟아져 나오기 때문이다. 그리고 가끔 깎여 나온 금속의 파편들이 튀기도 한다. 그걸 막아 주는 문이다.

금속은 가공할 때 엄청난 고온이 되기 때문에 재료와 드릴팁(쇠를 깎아내는 드릴 날)이 쉽게 상한다. 이를 막기 위해서 절삭유라는 것이 자동으로 분사된다. 마치 불난 자동차에 소방차 호스가 물을 뿌리듯이 재료는 가공되는 내내 이 절삭유를 뒤집어쓴다. 절삭유는 보통 5대1 내지 10대1 정도의 비율로 물과 섞으면 되는데, 절삭유의 비율이 낮으면 팁이 금방 상해 버린다. 작업 중에 문제가 생기면 귀찮아지기 때문에 작업자들은 비율을 따지지 않고 아예 절삭유를 때려 부어 버리기도 한다. 아예 1대1 비율 정도로 말이다. 사장님은 싫어하지만 안 볼 때 열심히 부어 버리면 된다고 필리핀 친구들이 친절히 가르쳐 주었다. (이것도 나중에 알게 된 것이지만) 절삭유는 피부와 폐 그리고 눈에 염증을 일으킬 수 있다고 한다. 사실 많이 써서 좋을 건 없다.

문을 열고 나면 원재료를 틀에 물려 준다. 연필깎이 틀 같은 게 있는데 이걸 척Chuck과 조Jaw라고 부른다. 조를 작동시키는 버튼은 신기하게도 발로 밟아 동작하도록 별도로 마련되어 있다. 풋 스위치Foot switch라 부르는데 발로 밟아 집게의 이빨을 풀어 주거나 잠궈 준다. 원재료를 손으로 넣어야 하니 손을 자유롭게 하려고 이렇게 세

팅해 놓은 것이 아닌가 싶다. 손 외에 발도 사용해야 하니 익숙하지 않으면 생각 외로 어려울 수도 있다.

원재료를 틀에 물려 준 다음, 다시 문을 닫는다. 그리고 운전 버튼을 눌러 준다. 그럼 드릴팁이 왔다 갔다 움직이며 재료를 깎는다. 덩치가 큰 놈은 한 번 깎아 내는 데 몇 분이 걸리고, 간단한 제품은 30초면 끝나기도 한다.

기다리는 동안 좀 쉬면 좋을 텐데. 안타깝지만, 기다릴 시간이 없었다. 일본말로 노기스／ギス라고 부르는 버니어캘리퍼스Vernier calipers나 마이크로미터Micrometer라는 측정 기구로 앞에 나온 제품의 치수가 정확한지 확인해 줘야 한다. 오차범위는 보통 0.2mm인데 0.1mm 정도가 나오면 관리자를 부르거나 절삭팁을 교체할 준비를 해야 한다.

이렇게 후다닥 검사 체크를 해 보고 바로 옆에 놓인 2번 기계를 돌리러 가야 했다. 숙련이 되면 한 명의 작업자에게 3대에서 4대의 기계가 맡겨진다. 기계 한 대가 하루 500개의 제품을 만든다고 하면 대략 1,000개에서 2,000개의 제품을 한 명의 작업자가 이 기계 저 기계를 옮겨 다니며 만들게 되는 것이다. 매우 단순하면서도, 매우 피곤한 작업이었다. 하루에 천 번씩 문을 여닫는 일. 그게 CNC 공장에서 나의 업무였다.

문을 열고, 제품을 넣고, 문을 닫고, 버튼을 누른다.

옆 기계로 가서

문을 열고, 제품을 넣고, 문을 닫고, 버튼을 누른다.

또 옆 기계로 가서

문을 열고, 제품을 넣고, 버튼을 누른다. 아?

'아차!' 하는 사이에 기계가 돌아가고 절삭유가 기계 밖으로 뿜어져 나온다. 후다닥 문을 닫아 보지만 스프링 클러처럼 뿜어져 나오는 절삭유에 이미 얼굴이고 머리고 가슴이고 다 젖었다.

허둥지둥 물을 뒤집어쓰고 있으니, 옆 라인에서 박수갈채가 터져 나온다. 짝짝짝짝.

"유후~! 형님 샤워~!"

참 잘했다고 필리핀, 방글라데시, 파키스탄에서 온 만국의 동료들이 엄지를 척 들어 준다. 특히 바로 옆에 있는 필리핀 친구 마르코가 가장 좋아한다.

"형님, 시원해?"

그렇게 하루에도 몇 번씩 샤워를 하고 만국의 노동자들이 외쳐 주는 박수와 환호를 듣고 나니, 왜 프레스에서 손을 잘리는 사람들이 그렇게 많은지 이해가 되기 시작했다. 어려워서라거나 집중력이 부족해서가 아니다. 천 번이면 기계도 여러 번 오류를 내게 된다. 하물며 사람인데.

그러므로 프레스 같은 장비에서 안전장치를 떼어내면 안 된다. 절대로.

물론 나도 열심히 기술을 배워서 오퍼레이터로 일하고 싶었다. 어떤 일이든 스스로 작업을 계획하고 주도적으로 일하는 것이 좋지 남에게 끌려다니는 건 힘든 법이다. 그렇다고 버튼맨으로 일하는 자체가 그리 또 나쁘지만은 않았다. 사람에 따라 다르겠지만 단순노동만이 주는 심적 안정감 같은 게 있는 것 같다. 일정한 패턴을 가진, 그다지 복잡하지 않은 소소한 작업을 하다 보면 번다한 일상의 걱정이나 불안 같은 게 잠시나마 마음속에서 떠나는 것을 느낀다. 심리치료의 방법으로 뜨개질을 하거나 대나무 바구니를 만들거나 화단을 가꾸는 등의 일을 하는 것과 같은 이치가 아닐까 생각한다.

문제는 단순노동 자체가 아니라 '단순노동이라는 이유로' 당연시되는 여러 불합리들이다.

단순노동이라는 이유로 터무니없이 저임금을 받는다. 최소한 하루 8시간에 대한 적합한 보상은 있어야 할 것 아닌가. 저임금인 이유는 그래도 어느 정도 이해라도 하겠는데, 왜 장시간 노동은 당연스레 따라붙는 것인지 알 수 없다. 단순노동이기 때문에 근무강도가 약하고 오래 일할 수 있다고 여겨지는 탓일까? 저임금과 장시간 근무에서 멈추면 다행이다. 생산량 압박까지 강해진다. "이 단순한 일을 왜 그리 천천히 하느냐"는 것이다. 기계가 잠시도 쉬지 않도록, 사람이 그에 맞춰 움직일 것을 요구받는다. 기계가 인간을 지배하는 것은 먼 미래의 이야기가 아니다. 이미 사람은 기계의 부속품이다. 그리고 (이건 중요한 문제인데) '단순노동이라는 이유로' 온갖 잡다한 부가 업무를 덧붙인다. 고급 인력들이 회사를 살리기 위해 고군분투하고 있으니, 여타의 잡다한 업무들은 저급 인력들이 해야 한다며 온갖 부수적인 업무들을 하나하나 추가로 붙여 준다. 경력이 좀 쌓이다 보면 어느새 업무의 홍수 속에서 허우적거리고 있는 자신을 발견하게 된다.

그러다 보니 견딜 수 없어서 한국 국적의 노동자들은 공장에 왔다가 다들 떠나간다. 그리고 그 자리를 여러 가난한 나라에서 일자리를 찾아온 청년들이 채운다. 청년 실업이 사상 최대이고 소위 노동을 포기한 실망실업자들이 백만 명가량 되어 간다는데, 과연 인력 수입에서 얻는 소득이 자국의 대량 실업이 가져오는 사회적 비용 지출보다 더 큰 규모일까? 무엇보다도 그 소득은 누구에게로 가며 사회적 비용의 지출은 누구에게서 나오는가.

일자리를 찾아 가난한 나라에서 온 노동자들에게도 가혹한 노동조건인 것은 마찬가지다. 내가 아는 어떤 공장에서는 그 공장을 떠나 다른 공장을 찾아가는 사람이 부지기수이기도 했다. (오해할까 봐 말하자면, 우리 공장은 다른 공장을 이탈한 노동자들이 주로 옮겨 오는 회사였다. 12시간 주 5.5일 맞교대 근무에 빡센 노동환경이었음에도 이 동네에서 그나마 괜찮은 회사였던 것이다. 사장님이 좋은 분이었다.)

이런 와중에 소위 중소기업 대표 경영인들은 해마다 정부에 요구한다.

"외국인 인력이 공장을 옮길 자유를 막아 주세요."

그냥 솔직하게 말하는 게 좋다. "우리는 값싼 노예를 원합니다"라고.

단순노동은 이리 대접해도 되나? 비단 CNC 공장에서의 문제만은 아닌 것 같다. 우리 사회에서 단순노동은 특히 천대를 받는 것 같다. '그 일은 누구나 할 수 있다'라는 사실은 편안함이나 친근함으로 다가오지 않는다. 낮은 계급과 열등감의 상징으로 받아들여지는 것 같다. 왜? 뭐 땜시? 세상의 절반이 단순노동인데, 왜 이렇게 천대하는 것일까.

『서열중독』이라는 제목의 책이 있다(유승호 지음, 2015, 가쎄). 한국사회는 모든 걸 서열화하는 사회이며 이미 병적인 수준이라는 내용의 고찰이 실린 재밌는 책이다.

그렇다. 한국은 뭐든 줄 세우기 좋아하는 나라다. 얼

마 전 자동차 판매 광고를 봤더니, 차량을 가격대별로 나열하고는 '사원급, 대리급, 과장급, 부장급, 이사급, 임원급'으로 서열에 적합한 차량이 뭔지 소개하고 있었다. 신분에 따라 옷 색깔이 달랐다는 어느 역사 속 이야기는 오늘날 차량으로 변화한 것인가.

직업에 신분적 차이가 있고, 계층이 있으며, 계층에 따라 그에 걸맞은 근로조건을 보장받음이 당연시된다. 시험을 통과한 교사들과 시험을 준비하는 예비교사들이 학교 내 공무직, 비정규직 노동자들의 정규직화와 근로조건 개선 요구를 공개적으로 반대했던 경우도 있었다. "그들은 시험을 치르지 않았다"라는 이유에서다. 시험과 경쟁을 통한 '직업 간' 계층화와 '직업 내' 계층화는 사회제도로 자리 잡았고 아무리 큰 임금 차이도, 아무리 차별적인 근로조건도 우리 사회에선 그다지 문제가 되지 않는다. 심지어 단결을 통한 근로조건 상승도 거부된다. 시험과 경쟁 제도의 패배자들은 근로조건 향상의 권리가 없다는 것이다. 이것이 단순노동으로 혹은 주변부 노동으로 낙인 찍힌 자들에 대한 사회적 인식인 듯하다.

'초등학교만 나와도 할 수 있는 노동', '누구나 할 수 있는 노동', '학력이 중요치 않은 노동', '자격을 획득하기 쉬운 노동'은 곧 멸시와 차별의 대상이 된다.

단순노동은 사회적 가치가 없는 것일까? 요즘 인기

가 좋은 인공지능에게 물어보았다. "단순노동의 사회적 가치는 무엇일까요?"라고 써 놓고 기다리니 10초도 안 되어 단순노동의 사회적 의미를 열두 가지 소제목으로 나열하여 설명해 줬다. 그중 일부를 정리하여 소개하면 이렇다.

먼저 숙련노동은 홀로 존재할 수 없다. 오퍼레이터는 버튼맨으로부터 출발한다. 단순노동은 숙련노동을 지원하며 숙련노동이 되기 위한 출발점이다. 그리고 단순노동은 복지 등 공동체의 필수 기능을 수행한다. 대부분의 필수적 노동이 단순노동인 것이다. 위생, 청소, 유지보수, 음식 서비스 및 소매업 등 단순노동은 일상생활의 기본적인 형태이고 이러한 서비스가 없다면 전반적인 삶의 질은 저하된다. 도로, 교량, 건물 등 사회 인프라를 유지 관리하고 수리하는 것 또한 주로 단순노동으로 수행된다. 이렇게 고급기술이나 전문 교육을 필요로 하진 않지만, 경제적 이해를 넘어서는 상당한 사회적 가치를 가진 노동, 사회의 안전과 유지 기능을 보장하는 중요한 역할들이 대부분 단순노동으로 수행되고 있다.

그 밖에도 단순노동은 그 사회에서 여러 가지 다른 중요한 역할을 해내고 있다. 불경기 시 실업의 완충지대로 기능한다. 취업 준비생이나 중간 실업 군에게 새로운 직장을 구하기 전의 준비 공간으로 기능하는 게 단순노동 인력시장이다. 동시에, 졸업생들과 같은 노동시장의 신규 진입자들에게 노동의 기초에 대해서 훈련할 수 있는 공간이기도 하다. 무엇보다도 중요한 것은 위기 상황에서도 경제적 곤궁에 빠지지 않고 건강한 사회구성원으로 계속 살아가게 할 최소한의 사회안전망으로써의 역할을 해내는 것이 단순노동이다.

그런데도 우리 사회는 단순노동이라는 이유로 그 현장을 '저임금', '과로', '위험 노동'으로 방치시켜 버리고 있다. 그 결과 소위 3D 직종으로 인식되어 이를 기피하게 만들고 그 자리를 이른바 수입 노동으로 대체시켜 버린다. 이것은 국가에도 사회에도 국민 개개인에게도 모두 좋지 않은 결과로 남는다고 본다. 사회안전망에 쓰이는 비용은 비용대로 지출하면서 사회는 안전하지도 않고, 효율적이지도 않게 된다.

우리 사회에는 여러 형태의 버튼맨이 있다. 이 모두에게 고임금과 최상급 대우를 하는 건 현실적으로 어려울 것이다. 하지만 최소한 생활을 유지할 수 있는 일자리, 최소한 일과 삶의 균형을 맞출 수 있는 일자리, 최소한 청년들에게 노동의 경험이 상처와 트라우마로 기억되지 않을 수 있는 일자리, 그 정도는 만들 수 있지 않을까.

최소한의 몇 가지만 지켜도 절반은 해결될 수 있다고 본다. ‘생계를 유지할 만한 금액의 최저임금 산정과 최저임금법의 준수’, ‘주5일 이하, 하루 8시간 이하의 근로시간’, ‘죽지 않고 일할 수 있는 산업안전 보건 조치’, ‘노동허가제의 실시, 사업장 변경의 권리 인정, 무분별한 인력 수입의 재고’ 등.

단순노동을 보호하는 것은 국민을 지키는 문제이고 사회를 지키는 문제다. 단순노동을 보호하는 것은 ‘국가 안보’ 차원에서 다루어져야 하고, 최저근로조건의 준수야말로 가장 우선되어야 할 ‘법과 원칙’ 중 하나가 아닐까.

경계에서

가로 75센티, 세로 240센티.

관을 묻는 구덩이의 크기다. 다른 특별한 경우도 없진 않겠으나, 이곳 공원묘지에서 일하는 동안 다른 사이즈는 보지 못했다. 키나 몸무게, 개성이나 인격, 살아온 과정 같은 건 웬만해선 고려사항이 되지 않는다. 구덩이는 그렇게 친절하지 않다. 죽음이 우리에게 그러하듯이.

가로세로 네 꼭짓점에 기다란 쇠못을 반쯤 꽂는다. 그리고 쇠못의 허리에 하얀색 명주실을 걸어 팽팽하게 당겨 준다. 그러면 사각의 구역이 나온다. 이제 사각의 바깥은 이승이요 안쪽은 저승이 되는 셈이다. 산 자와 죽은 자의 경계는 (약간 당황스럽지만) 이렇게 간단히 만들어진다.

그렇다고 삶과 죽음의 경계를 나누는 일을 아무나 할 수 있겠나. 가로와 세로에 못을 치고 명주실을 거는 것이 단순한 업무 같아 보이지만 이건 오직 공원묘지의 관리소장만이 할 수 있는 일이다. 묘지의 위치를 확인하고 주변 묘지와의 경계를 판단하여 가장 정확하고 적합한 위치를 선정하는 중요한 일이라 아무에게나 맡기지 않는 것 같다.

　공원묘지 관리사무실은 묘지의 입구에 있다. 장례 소식이 전달되면 거구의 소장이 땀을 흘리며 한참 올라온다. 묘터에 도착한 소장은 엄숙한 표정으로 가로세로에 못을 치고 명주실을 감는다. 그리고 작업자들에게 추가 업무지시를 하고는 땀을 닦아 내며 관리소로 내려간다.
　소장의 임무가 이렇게 끝이 나야, 작업자의 시간이 시작되는 것이다.
　세 명의 작업자가 라인을 경계로 직각으로 땅을 파 내려간다. 도구는 오직 삽과 곡괭이뿐이다. 좁은 공원묘지의 특성상 포클레인 등의 장비를 쓰기가 어렵기 때문이다. 포클레인이나 크레인 등의 장비는 도로가 있는 묘지 진입로 주변의 일부 장소에서만 사용할 수 있다.
　겉보기엔 같은 풀, 같은 나무, 같은 땅인데 막상 파내기 시작하면 땅속은 각기 다른 개성을 보여 준다. 어떤 곳은 곡괭이도 없이 삽질만으로도 네모반듯한 구덩이를 팔 수 있다. 반면 어떤 곳은 진흙이 아닌데도 흙에 찰기가 있어 흙을 퍼낸다는 느낌보다는 떼어 낸다는 느낌이 들기도 한다. 이런 곳에선 삽질을 한 번 할 때마다 몸이 욱신거린다. 가장 난감한 상황은 역시 땅에서 바위가 나오는 경우다. 바위는 주위를 파낸 후 들어 꺼내는데 아쉽지만 어디에도 손잡이가 없다. 보통 들기 어려운 게 아니다.

한번은 세 사람이 달려들어도 꿈쩍조차 하지 않는 큰 바위가 나오기도 했다. 이럴 땐 곡괭이로 주변을 파내고 해머로 바위의 결을 따라 두드려서 쪼개야 하는데 바위의 모서리를 찾아서 적당한 각도로 깨어 내는 게 보통 힘든 일이 아니다. 삽질도 제대로 못 하는 나야 애초에 할 수 없는 일이고, 경력 10년 차 작업반장도 힘들어할 때, 허리가 반쯤 굽어진 35년 차의 영감님이 "나온나"라고 한마디 하곤, 혼자서 구덩이에 들어가셨다.

깡마른 몸에 살짝 굽은 등. 검은 얼굴에 매일 같은 술 냄새. 도대체 곡괭이는 제대로 쥘 수 있는 것일까 걱정이 되는 영감님이 바위를 이리로 톡톡톡 저리로 톡톡톡 때리기 시작했다. 다시 이쪽으로 톡톡톡, 저쪽으로 톡톡톡. 그러기를 삼십 분. 그 큰 바위가 쩍 갈라지고 갈라진 바위를 다시 들어낼 크기로 또 톡톡톡 톡톡톡 나누어 버린다. 깜짝 놀랐다. 믿을 수가 없다. 바위의 급소가 눈에 보이는 것일까. 불가능할 것 같은 작업이었는데 아무 일 아닌 듯 나누어진 바위가 올라오고 영감님도 올라온다. 지하세계에서 올라오는 신선이 아닌가 싶다.

어떻게 하신 겁니까? 묻고 싶지만 아무 말도 하지 않았다. 반평생을 해온 업에 대해서 고작 서너 달 경험을 가진 놈이 알아내겠다고 가벼운 입을 함부로 놀리는 것만큼 꼴불견이 또 어디 있을까. 자고로 배우려는 사람은 질문이 적어야 한다. '고생하셨습니다'라고 인사한 다음 조용히 나머지 뒷마무리를 하는 것이 배우는 자의 자세다.

무덤의 깊이는 그때그때 상황에 따라 조금씩 달라진다. 땅의 상태 또는 묘지의 위치에 따라 어떤 경우는 관의 상단에서 무릎 높이 정도에 지면이 오고 또 어떤 경우는 허리 정도의 높이에 지면이 오는 것 같다.

상하수도 공사든 파이프 매설 공사든 아스팔트 공사든 땅을 파내서 나온 흙을 그 자리에 다시 넣는 경우는 없다. 공사를 위해 흙을 파내었다면 그 공간은 마사토磨沙土로 채워 넣어야 한다. 마사토는 풍화작용으로 만들어진 굵은 모래를 말하는데 입자가 굵고 배수가 잘될 뿐만 아니라 세균이 거의 없다. 이걸 넣고 다져야 도로나 구조물이 무너지지 않고 견딘다. 그런데 가끔 공사하는 업체나 담당자가 마사토의 양을 줄여서 넣는다. 공사 끝난 도로가 어느 날 푹 꺼졌다면 공사에 부정이 섞여 있다고 먼저 의심해 보면 된다. 공사의 반장, 마사토 업자, 감리(법적 감독자). 이 셋이 우선 피의자다.

어쨌든, 무덤에서도 파낸 흙을 그대로 다시 넣지는 않는다. 무덤 안쪽에 사용되는 흙은 상품으로 판매되는 포장된 고운 흙을 사용한다. 일하던 공원묘지에서 사용하던 흙의 상품명은 "극락토"였다. 고운 모래 한 부대를 넣어 놓은 것인데 극락토라니 살짝 우스꽝스러웠다. 흙 모래 몇 삽 넣어 두고는 너무 과한 이름을 붙인 거 아닌가? 실지로 어느 망인의 하관 중에 처음 포장지의 이름을 보곤 '픕' 하고 웃을 뻔했다.

천붕天崩. 부모의 죽음은 하늘이 무너진 것 같은 슬픔이라 표현하는데, 하늘이 무너진 고통을 받은 사람들 앞에서 피식 웃다니. 이런 몹쓸 짓이 또 어디 있나. 서둘러 정신을 수습한다. 큰일 날 뻔했다.

이렇게 장례가 마무리된다. 요람에서 무덤까지, 인간의 생은 누군가의 노동으로 출발해서 누군가의 노동으로 끝을 맺는다. 우리는 나의 노동으로 나의 인생을 살아간다고 생각하지만, 과연 그럴까? 인간은 타인의 노동으로 생을 얻고, 타인의 노동으로 살아가다가, 타인의 노동으로 생을 마친다. 소중한 이를 소중하게 세상에 소개하는 순간부터 소중하게 떠나보내는 것까지 타인의 노동을 통해서다. 그렇지 않나? 타인의 노동을 그리고 나의 노동을 소중하고 가치 있게 여겨야 하는 이유도 여기에 있다고 생각한다. 노동을 소중하게 여길 때 사람의 인생 또한 소중하게 다루어지게 될 것이므로.

장례는 끝났지만, 아직 할 일이 좀 더 남아 있다. 봉분封墳이란 걸 만들어야 한다. 한국의 묘지는 매장한 후 동그란 둔덕을 만들어 줘야 완성된다. 우선 돌멩이나 나무 뿌리 같은 이물질은 버린다. 파낸 흙 중에 좋은 흙으로 동그랗게 봉분을 쌓고 그 위에는 나무나 덩굴로 자라지 않는 짧은 잔디 풀을 심어 준다. 풀의 씨앗을 심는 것이 아니라 풀과 뿌리를 통째로 다른 곳에서 가져와 봉분에 옮겨 준다. 뿌리가 달린 풀의 뭉치를 순우리말로 '떼'라고 하고 이런 작업을 '떼를 심는다'라고 한다. 떼를 심고 그 위에 충분한 물을 뿌려 주면 이제 묘지가 완성되는 것이다.

빠뜨린 작업이 하나 있는데, 바로 비석을 옮기는 작업이다. 보통 무덤 앞에 제단을 놓고 그 옆으로 비석을 세우는데 이게 예상외로 까다로운 일이다.

공원묘지의 내부까지는 차량이 진입하기 어렵다. 다행히 수레는 들어가니 수레에 실어 끌고 가면 되긴 하지만 그조차 들어가지 않는 난코스가 꽤 있다. 그럼 수레로 최대한 가까이 옮기고 나머지는 나무봉에 줄을 매달아 여럿이 들고 옮겨야 한다. 제법 모양새가 나는 비석은 100킬로그램이 훌쩍 넘는다. 수레도 못 가는 비탈진 길을 짐 지고 가는 게 어디 쉬운 일이랴. 사극에서 가마꾼이 왕비의 꽃가마를 메고 가듯이, 비석을 줄로 묶고 이를 나무봉에 메어서 인부 넷이 어깨에 짊어지고 간다. 비스듬하고 울퉁불퉁한 언덕배기를 뒤뚱뒤뚱 걷다 보면 균형이 무너지는 것은 당연한 일, 100킬로그램의 압력이 나무 막대를 타고 어깨를 지나 등과 허리와 무릎으로 전해져 온다. 땀인지 식은땀인지 모를 무언가가 등줄기와 이마를 타고 떨어진다. 아마도 오늘 준비한 저 구덩이에 들어가야 할 건 나일지도 모르겠다는 생각이 살짝 스친다.

생명을 창조하는 것도 흙과 함께하지만, 생명을 마무리 짓는 것도 흙과 함께한다는 건 참으로 신기한 일이다. 흙에서 와서 흙으로 가는 것. 저마다의 인생을 다양하게 살아왔지만, 하나의 결론으로 돌아간다는 단순한 사실.

이곳에서 일을 하다 보면 인생의 본연이 무엇이어야 하는가를 아무래도 조금씩 생각해 보게 된다. 그래서인지 같이 일하는 사람들의 분위기도 여느 직장과는 살짝 다르다. 때때로 인부들끼리 싸움이 있기도 하고 다툼이 생기기도 하지만 그렇게 크게 문제가 되거나 갈등이 지속되지 않는 것 같았다. 죽음이라는 종착점을 매일 목격하는 사람들에게 사소한 분쟁과 갈등은 그리 중요치 않기 때문이지 않을까 하고 생각해 보기도 했다.

뭐 꼭 그렇지만은 않을 수도 있을 것이다. 35년 일하신 영감님의 매일 같은 알콜릭 상태와 같은 문제는 어찌해도 설명이 되지 않으니깐.

하루는 제초 작업을 하는 중에 소나기가 내렸다. 구

름이 비를 뿌리며 산 너머에서 이쪽으로 다가오는 소리가 참으로 시원하기도 했고 신기하기도 했다. 비구름이 지나는 소리라니. 도시에서 자라 마흔이 가까워지도록 그런 소리를 들어본 적이 없다. 주변이 온통 무덤이라 바람조차 우울하고 쓸쓸할 것 같지만, 풀벌레와 비와 바람은 인간의 죽음 같은 걸 그리 신경 쓰지 않는 것 같다. 이곳은 다만 시원하고 경쾌하며 맑은 숲속일 뿐이다.

근데 비가 내리는데 어쩌나. 내려가야 하나? 고민이다. 뭔가 업무지시가 있어야 할 텐데 알콜릭 영감님이 도통 말이 없다. 풀을 검을 수 없는데 어쩌나 걱정이 되기 시작했다. '검다'라는 말은 알콜릭 영감님께 처음 배운 말인데, 손이나 갈퀴로 풀을 긁어모으는 걸 말한다. 풀이 물을 먹으면 검기가 어려워진다. 무거워지기 때문이다. 비가 오면 풀을 검을 수 없고, 위험해서 풀을 벨 수도 없다. 뭔가 대책을 세워야 하는데, 어쩌지?

내가 그렇게 걱정을 하든 말든 영감님은 무심한 얼굴로 누군가의 무덤 제단에 걸터앉았다. 그리곤 가만히 산 아래 풍경을 구경하기 시작했다.

그렇다. 스쳐 지나갈 비라면 잠시 쉬면 되고, 종일 내릴 비라면 조금 기다렸다가 퇴근하면 될 일이다. 결론이 금방 나올 문제다. 잠시 이렇게 멈추어 기다리면 된다.

나도 누군가의 무덤 제단에 앉았다. 제단 한가운데

퍼져 앉기는 아직은 좀 어색해서 살짝 구석 자리로.

인생은 어차피 기다림이다. 기다렸다가, 바로 이곳에서 이들과 나란히 눕게 되는 것. 서두를 필요가 없다.
내리는 비야 살짝 젖어도 괜찮다. 떠내려가지 않는다.

2부

신과 함께

퇴근길

하루는 길고
인생은 짧다

신과 함께

영화 〈미키 17〉의 주연 여배우 이름은 나오미 아키Naomi Ackie다. 유튜브를 통해 그녀가 나온 미국 토크쇼를 본 적이 있는데, 그 내용이 인상적이었다. 〈미키 17〉을 연출한 봉준호 감독의 호칭에 관한 이야기였다.

미국에선 감독을 그냥 이름으로 부르는 것이 일반적인 문화라고 한다. 그런데 한국인 배우들과 스탭들은 "디렉터 봉"director Bong(봉 감독)이라는 호칭을 쓰더라는 것이다. 할리우드의 여배우에겐 이것이 매우 어색했다고 한다. 그러다가 어느 날 집에서 남편과 대화를 하는데 자기도 모르게 봉준호를 디렉터 봉, 디렉터 봉이라고 계속 언급하고 있더라는 것이다. 누가 이렇게 요구한 것도 아닌데 말이다. 그녀가 말하길, 같이 일하다 보니 봉 감독에 대한 존경심이 자꾸 생겨나고 자연스레 자신도 한국 배우나 스탭들처럼 그렇게 부르게 되더라는 것.

토크쇼를 보고 있으니 그제야 성이나 이름에 직업이나 직책을 붙여 부르는 것이 다분히 동양적인 문화이며, 서열과 계층이 중시되는 문화의 일부라는 사실을 느끼게 된다. 그랬구나. 이건 우리의 독특함이었구나.

한때 나의 호칭은 "양 기사"였다. 기사技士란 재주 기技와 선비 사士의 합성어로 재주를 가진 사람이라는 뜻이다. "기사"는 기술자engineer라는 의미와 운전기사driver라는 의미를 함께 포함할 수 있는 호칭이다. 매우 넓게 해석될 수 있어 블루칼라 직업군을 통칭하는 의미로 쓸 수도 있을 듯하다.

나의 경우는 운전기사를 일컫는 '기사'라고 봐야겠다. '택배 운수업을 하는 사람'이란 뜻으로 말이다. 개인적으로 "양 기사"라는 호칭이 나쁘진 않았다. 예를 들어 볼트 공장에서 일할 때 그곳 사장님이 붙여 준 호칭에 비교하자면 말이다.

어느 날 볼트 공장 사장님이 갑자기 나에게 "니가 나이도 제법 있는데 내가 맨날 이름을 함부로 이래 불러서 되겠냐"고 하셨다. 월급은 못 올려 주더라도 그냥 직책이라도 정하고 일하자고 하신다. 사소한 것이지만 이리 신경 써 주시니 고마울 따름이었다. 그리곤 "양 계장"이 어떠냐고 물어본다. 아? 사장님, 그건 어감이 좀 그렇지 않나요? 왠지 〈전원일기〉 드라마에 나올 듯한 이름 아닌가요? 치킨이나 계란 같은 것들과 친할 것 같은 이름 아니냐 말이지요.

직장 서열 체계는 보통 주임–계장–대리–과장–차

장-부장 순으로 이루어진다. 우리 공장에 이미 경력 많은 대리랑 과장이 있으니 같은 호칭은 좀 그렇고, 양 주임으로 하면 되겠는데, 거래하는 원청 회사에 가니 주임은 주로 나이가 어린 여성 경리직원이더라는 것이다. 그래서 남은 게 계장 하나밖에 없다는 것. 그래도 그렇지 사장님. 어감이 좀 ….

어쨌든 거기와 비교하면 "양 기사"는 어감도 좋고 말을 탄 무사武士와 같은 상류계급을 뜻하는 기사騎士로도 들리니, 양 계장에 비하면 매우 근사한 호칭이었다. 어릴 때 보던 만화영화 중에는 〈원탁의 기사〉도 있었다.

대한민국 노동자로 사는데 피곤하지 않은 사람이 어디 있겠느냐마는 택배기사 양 기사로 일할 때 참 피곤했었다. 다른 데서도 늘 그래 왔던 것 같기도 하지만. 쩝.

일을 시작한 지 두어 달 때쯤 되었을 때일까? 신호등이 보이면 졸음이 밀려오는 것 아닌가. 어느 날부터 나타난 신기한 현상이었다. 파블로프의 신호등? 아니면 최면 신호등이라 불러도 되려나.

먼 곳에서 신호등의 노란불이 보이면 몸에서 긴장이 풀리기 시작한다. 의지와 상관없이 나의 몸이 수면을 준비하는 것 같다. 그리고 빨간불이 들어온다. 슬그머니 멈춘 세상. 잠시 공간이 흐릿해지고 의식이 몽롱해진다. 주변의 움직임이 느려지고 시간은 정지한 듯하다. 거리의 소음들이 하나씩 차례차례 멈추고 정적 속으로 빠져들어 간다.

그리고 잠시 뒤, 깜짝 놀라 깨어선 눈을 껌뻑거린다. 빛과 소음으로 가득한 익숙한 세계로 되돌아왔다. 나는 그 짧은 시간에 눈을 붙인 것이다. 당황스럽다.

뒤에서 빵빵거리는 차의 경적에 흠칫 놀라며 잠을 깬 것이 한두 번이 아니다. 나만 그런 것일까. 이런 종류의 일을 하는 많은 사람들이 그런 것일까.

택배 일을 그만둔 후에도 한동안 계속 그랬다. 신호등만 보면 몸이 나른해졌다.

"월급제는 물량이 얼마 안 되니깐 일찍 마치고 일찍 퇴근할 수 있다."

일을 시작할 때 영업소장께서는 이리 말씀하셨다. 하지만 약속대로 된 것은 입사 후 처음 며칠뿐이었고 보통은 8시가 넘어야 업무가 끝났다. 영업소장은 거짓말쟁이였나? 글쎄, 알 수가 없다. 아마도 '일찍 마친다'라는 말에 대한 해석이 달랐던 것인지도 모르겠다.

그러니까 나는 보통의 노동자들이 6시 전후로 일을 마치니 일찍 마친다는 이야기를 오후 4시에서 5시 정도에 퇴근한다는 의미로 생각한 것이고, 영업소장은 보통 택배기사들이 밤 9시나 10시까지 배달하는 경우가 많으니 8시 전후를 '일찍'이라고 표현한 것일 수도 있겠다.

그러니 애초에 소장이 "일찍 마친다"라는 모호한 표현을 던질 때, "그게 몇 시입니까?"라고 물어보았어야 했다. 그걸 못하니 이렇게 된 것 아니겠나. 다 내 탓이려니 생각해 본다.

사람들이 계약서라는 것을 작성하는 이유도 이런 이유가 아닐까. 나중에 서로 생각이 다를 수 있으니 미리 명확히 하자는 것이다. 실지로 대한민국 법에는 근로계약을 문서로 꼭 해야 하는 것으로 되어 있다. 두 장을 똑같이 써서 한 장은 노동자에게 딱 쥐여 줘야 한다. 이를 지키지 않는 사업주는 처벌받게 되어 있다. 하지만 이곳에선 그리 하지 않았다. 편의점 아르바이트도 근로계약을 하는데, 국내 최대의 규모를 자랑하는 물류 배송업체의 지역 영업사무소는 근로계약서를 쓰지 않는 것이다. 안타까운 현실이다. 법에 있는 최저기준도 안 지켜지는데 하물며 법에 없는 근로기준 보호야 말해서 무엇하랴.

어쨌든 이러한 사정 속에서 우리는 출근 시간이 명확하나 퇴근 시간은 아리송한 여기 한국사회의 노동자로 살아간다. 이 나라의 시간관념이란 것은 참으로 신비롭지 않은가? 출근 시간 1분만 늦어도 시간관념 부족을 따져대는 이 살벌한 일터의 초시계는 어찌 퇴근 시간만 되면 화가 달리Dali의 그림처럼 스르르 녹아 흘러내리는 것인지 알 수 없다. 출근의 시간관념과 퇴근의 시간관념을 별개의 것으로 만들어 버리는 이 놀라운 이중 잣대. 정밀한 사실주의로 출근해서, 퇴근을 잊은 초현실주의로 빠져드는 우리의 일상.

그나마 8시라도 지켜지면 좋겠는데, 한 달쯤 지나니 추가업무까지 요구했다. 택배기사에겐 배송업무 외에도 편의점 같은 곳에서 발송 택배를 수거해 오는 업무도 있었다. 이걸 수거해서 물류센터에 다시 보내는 것이다. 뭔가 처음 생각과 많이 달라지고 있었다. 배송 물건의 숫자도 처음과 달리 조금씩 늘어나고 있었고 그로 인해 집에 가는 시간은 점점 더 늦어지고 있었다.

그러다가 추석 명절이 오게 되었고 어느 날 밤 11시 30분. 생선을 담은 아이스박스를 손에 들고 누군가의 아파트 초인종을 누르고 있는 나를 발견한다. 집주인께서 눈을 부비며 현관문을 열었다.

"아니, 이 늦은 시간에도 배달합니까?"

"아. 네 죄송합니다. 식품이라, 당일 배송을 꼭 해야 해서요."

아침 6시 반에 자동차 시동을 걸고, 집에 와 시동을 끄면 보통 밤 10시 반. 하루는 한 아파트 경비원이 나에게 물었다.

"요새 맨날 늦게 배달하네. 고생이네. 근데 이래 배달하면 얼마 받소?"

그래서 얼마라고 대답했더니 그는 깜짝 놀란다.

"그거 받고 왜 이리 일하는데? 그러지 말고 나랑 경비 안 할라요?"

어처구니없게도 그 말을 듣던 그때까지도 나는 별다른 생각이 없었다. 나의 근무시간, 노동 강도, 적정임금 등에 대해서 말이다. 그냥 열·심·히 일했다. 주위의 지입제 동료들이 스쳐 가는 아르바이트로 알고 있던 자리. 같이 일하던 동료 월급제 직원이 3명이나 입사와 퇴사를 거듭하는 사이에도. 그저 묵묵히 열심히. 호구도 이런 호구가 없었다.

오전 7시 50분. 컨테이너 트럭이 후진으로 컨베이어벨트의 진입부에 주차한다. 컨테이너가 열리고, 아르바이트하러 온 것으로 보이는 일군의 청년들이 물건 하차를 시작한다. 큰 것부터 작은 것까지 정말 다양한 물건들이 컨베이어벨트에 실려 내려왔다.

컨베이어벨트는 야외에 있었다. 대략 30여 미터 길이의 타원형 작업대로, 물건이 실려 간 뒤 회전하여 반대편으로 다시 돌아온다. 양쪽으로 배송 탑차들이 각 15대씩 화물칸을 열고 후면주차를 하였고, 컨베이어벨트에서 자기 배송구역의 물건을 찾아 각자의 차에 바로 옮겨 실을 수 있도록 설계되어 있었다.

택배기사는 두 종류로 나뉘었다. 지입제와 월급제. 나 같은 월급제 택배기사를 지입제 택배기사들은 노골적으로 싫어했다. 영업소장의 하수인쯤으로 생각했던 것 같다. 특히 배송구역을 놓고 벌어지는 영업소장과 지입 택배기사들 간의 갈등은 매우 골이 깊었다. 이 갈등 끝에 공중분해된 택배 구역의 이야기도 소소하게 전해지곤 했다.

택배는 온통 위장도급으로 이루어진 변칙 노동현장이었다. 이를 지입차주제라고 부른다. 당신들은 택배사의 직원이 아니라 택배사에게 특정 구역의 배송을 위탁받아 운영하는 소사장小社長이라는 것이다. 이런 것을 창조경영이라 하는 것인가. 대한민국 대기업이 생산하는 비정규직과 간접고용 그리고 특수형태 노동은 정말이지 가짓수도 많고 규모도 크다. 훌륭하구나.

어쨌든 뭐 다들 서류상으로는 개인사업이니까 팀워크 따위는 불필요한 것일 수도 있었겠다. 게다가 월급제는 단기 아르바이트로 인식되고, 잠시 스쳐 갈 인연이라고 생각했을 수도 있다. 실지로 두 달을 넘기는 경우가 잘 없었으니 말이다. 그러다 보니 지입기사들은 월급제에게 통 관심을 주지 않았던 것 같다. 대화도 없고 데면데면. 아무리 그래도 사람 사는 게 이래서야.

그러다가 일 시작한 지 보름이 훌쩍 넘어서일까. 신

입이 며칠 대충 경험하다가 돌아갈 사람으로는 안 보였는지, 아니면 일하는 모습이 도저히 눈 뜨고 봐주기 어려워서인지 옆자리 고참께서 이것저것 요령을 알려주기 시작했다.

진심인지 장난인지는 몰라도 주변에선 그분을 "택신"이라고 불렀다. 택배의 신神.

택신께서 하루는 "어이, 그거 그라지 말고" 하며 나를 제지했다. 나는 생수를 들어서 내리고 있는 참이었다.

생수를 택배로 주문해서 먹는 사람이 더러 있었다. 2리터 여섯 병의 생수 묶음. 엘리베이터가 있으면 크게 문제가 없는데, 엘리베이터가 없는 5층 이하 연립아파트에서 주문하는 경우엔 약간 힘이 들기도 했다. 노인이나 몸이 불편한 분들이려니 하며 좋게 생각을 하지만, 그렇다고 그 무게가 마음처럼 쉽게 가벼워지진 않았다.

어쨌든 생수 묶음을 조심조심 컨베이어벨트에서 내리는데 옆에서 바라보던 택신께서 문득, "그러면 안 된다"라는 것이었다.

"니 그거. 그래 안고 내리면 나중에 허리 다 나간다이."

그러면서 옆에 있는 다른 동료를 쳐다본다.

"일마 지금 우째 내리는 줄 압니까?" 하면서 내가 짐을 내리는 걸 흉내를 내고 있다.

“이래 안아 가지고 살살 이래, 이라고 있습니다”라고 말하면서 같이 웃고 있다.

“그렇게 힘들게 하면 안 돼. 와 일을 힘들게 하노. 그냥 탁 놔, 탁. 이거 던져도 안 깨져”라고 말한다.

“아, 탁. 네, 알겠습니다”라고 답했다. 그래, 안 그래도 허리가 쑤신다. 요령을 배워야 한다고 생각했다. 하지만 택신께서는 내가 못 미더웠나 보다. 굳이 직접 시범을 보여 주었다.

“이건 웬만해선 절대 안 깨진다. 내 함 보여 줄게.” 그리곤 내렸던 생수를 다시 컨베이어벨트 위에 올려서는,

“잘 봐. 이래 던지란 말이야. 이래”라고 말하면서 생수 묶음을 땅에 휙 던진다.

휙, 쿵.

근데 이상한 소리가 들렸다. 뿌직, 페트병이 터지는 소리 같은데…. 아니나 다를까 페트병 하나가 깨져 버린 것이다. 물이 콸콸콸. 헐….

택배의 신께선 무안한 얼굴로. 생수 묶음을 컨베이어벨트 밑으로 슬쩍 밀어 넣었다. 파손된 물품, 주소불명의 물품은 컨베이어벨트 밑으로 밀어 넣어 두었다가 상차 작업이 종료되면 본사 직원에게 처리를 맡긴다.

그런데 아이고, 저 집 아저씨 오늘 보리차 끓여 드셔야겠네.

어쨌든 옆에서 관심을 가져 준다는 것만으로 왠지 기분이 좋았다.

예전에 양준혁 선수는 컨디션이 좋은 날에는 날아오는 야구공의 실밥이 눈에 보이기도 한다고 했다. 탁월한 신체 조건에 끊임없는 훈련을 하면 사람의 영역을 넘어선 초능력이 생기기도 하는 것이다. 이런 시력을 동체 시력이라 일컫는다고 한다.

택배 상차上車 작업을 하면서 나도 그런 것을 경험해 봤다고 말한다면 좀 과한 것일까?

택배 상자에는 송장 스티커가 붙어 온다. 송장 스티커에는 바코드가 있고 발신인의 주소와 수신인의 주소가 깨알처럼 적혀 있다. 이 수신인 주소를 확인하고 컨베이어벨트에서 내려서, 내 차에 각 배송 지구별로 정리해 넣어야 한다. 근데 컨베이어벨트에는 내 구역의 물건만 오는 것이 아니다. 벨트 위엔 30개 구역의 물건이 마구 섞여서 획획 지나가고, 그중에 정확히 내 구역의 물건을 찾아야 하는 것이다.

공항에서 수화물이나 캐리어를 찾아본 사람은 쉽게 떠올릴 수 있을 것이다. 캐리어가 빠져나와 둥글게 한 바퀴 지나가는 바로 그거랑 비슷하다. 다만 공항의 컨베이어벨트보다 훨씬 크고, 각자의 물건이 100개에서 많게는

200개 정도가 되며, 자신의 물건이 어느 것인지 겉모습으로 알 수 없다는 차이가 있다.

도대체 보이지가 않는다. 아니, 저 깨알 같은 주소를 다들 어찌 보고 자기 물건을 찾아가는지 알 수가 없다. 눈에 스캐너라도 장착한 것인가. 멀거니 서서 바라보고 있다가 용케도 자기 물건만 착착 꺼내고 있다. 컨베이어벨트에 고개를 파묻고 상자를 하나하나 들어 확인하며 진땀을 빼고 있는 건 나뿐이다. 초보티를 팍팍 내어 무안하긴 하지만 어쩌랴, 안 보이는데.

어쩔 수 없이 앞뒤에서 고참들이 도와준다. 앞 고참이 "이거, 이거, 저거, 니꺼" 하면 쫓아가서 내린다. 놓친 게 있으면 뒤의 고참이 "이거 받아라" 하며 내려서 밀어 준다. 일하러 온 것인지 도움받으러 온 것인지 알 수가 없다.

그러던 어느 날 문득, 나에게도 양준혁 선수의 동체시력이 생기는 것이 느껴졌다. 보이기 시작한 것이다. 박스들을 스캔하면 주소가 선명하게 눈에 들어오는 것.

"오옷, 세상에나. 이게 가능하구나." 콩알만 한 글자들이 눈에 들어오기 시작했다. 박스 뒤에 숨은 글씨도, 휙 지나가는 작은 소포의 주소도 쉽게 찾아졌다. 뭔가 뿌듯한 느낌이 들었다. 누가 포장된 택배를 야구공처럼 던지면 날아오는 물건의 수령인 주소를 읽을 수 있을 것 같았다. 물론 시험해 보진 않았지만…

얼마 후에 앞자리에 있던 택배의 신께서 한마디하셨다.

"오, 이제 잘하는데?"

나도 모르게 쓱 웃었다. 호구들이 원래 칭찬에 약한 법.

면상

면상面上. 국어사전을 보니 "사람의 얼굴을 낮잡아 이르는 말"이라고 설명한다. 영어로는 똑같은 말이 없는 것 같다. 비슷한 말인 용모·외모·얼굴을 뜻하는 단어만 있다. 같아 보이지만, 분명히 어감이 다르다. 영어에는 높임말과 낮춤말이 따로 없으니 그런 것인가 싶다.

영어는 단어가 50만 개 정도인데 한국어는 단어가 110만 개나 된다고 한다. 한국어가 영어보다 훨씬 어휘가 풍부하기 때문이라는 주장도 들어 보았으나, 내 생각에는 그보다는 높임과 낮춤 때문에 한 단어가 다시 3개로 갈라져 그런 것 아닐까 싶다. 높낮이를 철저히 구분하는 뿌리 깊은 계급사회가 이렇게 언어로도 구조화되어 있는 것은 아닐까 하고 의심해 보기도 한다.

택배 박스 하나가 컨베이어벨트에 도착했다. 사과 상자보다 큰 상자인데 상자가 엉망으로 구겨지고 반쯤 열려 있다. 큰 박스에 내용물을 절반도 채우지 않고 테이프도 대충 얼기설기 붙여 놓으니 구겨지고 터진 것이다. 뽁뽁이Bubble Wrap(공기 완충재)가 없으면 신문지라도 채워 넣거나 아니면 박스를 좀 작은 것을 쓰지. 박스를 이리 텅 비워서 보내면 화물이 멀쩡할 리가 있냔 말이다. 택배는 포장이사가 아닙니다요.

이럴 땐 참 애매하다. 터져 버렸으니 반품을 시킬까? 일단 배달을 할까? 고민이 된다. 내용물이 훤히 다 보인다. 옷가지와 책 그리고 즉석식품들 몇 가지. 그래도 기다리는 사람이 있겠지? 테이프로 터진 부분만 조금 메꾸고 일단 차에 실었다.

배송 장소는 어느 자동차 수리점이었다. 수취인은 자리에 없었고, 다른 직원에게 맡기고 나왔다.

시간이 한참 지나 전화가 왔다. 나는 다른 곳에 한창 배달 중이었다. 일하는 중엔 웬만해선 전화를 받지 않았다. 대부분 곤란한 요구가 많아 그렇다.

"오늘 택배가 오기로 했는데, 어디인가요? 제가 지금 급히 나가야 하는데 여기 먼저 오셔서 전달하고 가 주시죠"라고 하는 경우가 많다. 곤란하다. 나름대로 계산한 최단 거리의 배달 코스가 있는데 그걸 벗어나서 이 동네 아파트 하나, 저 동네 아파트 하나, 이리 개별로 배송하고 집에 가려면 또 밤 10시, 11시가 되어 버린다. 그럴 수는 없다. 급한 사정이야 다들 있겠으나 들어줄 수가 없는데, 들어주지 않는다고 괜히 진상을 부리는 고객님들이 더러 있었다.

같은 번호로 계속 전화가 온다. 아, 뭐 때문에 그럴까? 피곤하지만 받았다.

왜 전화를 안 받느냐고 항의를 한다.

“아. 네. 죄송합니다. 오늘은 좀 바쁘네요. 어떤 일이십니까?” 내 목소리 참 친절하다. 내가 생각해도 놀랍다. 제법 서비스 정신이 살아 있다.

스무 살 남짓 되어 보이는 남성의 목소리다. 시작부터 반말이다. 박스가 다 터져서 배달이 되었는데 왜 이 모양이냐는 항의다.

“죄송합니다. 저희가 배송받았을 때부터 이미 박스가 터져 있었습니다. 제가 나름대로 테이프를 붙여서 배송했습니다.” 그래도 화가 풀리지 않는 모양이다. 엄마가 먹으라고 컵라면과 즉석 죽 그리고 간식을 넣어서 보냈다는데 없다고 한다. 터져서 도착한 박스에 대해서 간단히 설명하고 없어진 물건이 있으면 고객센터로 연락해서 내용에 관해 설명을 해 주십사 요청했다. 나보고 알아서 찾아오라고 하지만, 나는 배송업무만도 바쁘다. 그러고 있을 여유가 없다. 고객님이 온갖 짜증을 다 낸다. 그리곤 “이거 니들이 꺼내 먹은 거 아니야?”라고 묻는다.

택배기사들은 일분일초가 바쁘다. 밥 먹을 시간을 아끼느라 차 안에서 김밥을 먹어 가며 차를 달린다. 그걸 뒤져서 꺼내 먹을 시간이 어딨나. 금덩어리가 사라졌다면 내 이해라도 하겠구먼. 나도 모르게 한숨을 쉬었다.

“아, 지금 바빠 죽겠는데, 뭔 소리요. 끊으소.” 전화를 끊어 버렸다.

한참 동안 계속 전화가 울린다. 뭐야 이거, 스토커야? 무시했다. 계속되던 전화벨 소리가 잠시 잠잠하다. 이젠 포기했나 했더니, 이번엔 문자메시지가 따릉따릉 올라온다.

“야, 너 어디냐. 면상 좀 보자.”

그리고 몇 개의 욕설 문자가 계속 이어진다. 아이고.

잠시 차를 세웠다. 내가 먼저 전화를 걸었다. 알 수 없는 욕지거리가 들려온다. 전화를 잠시 귀에서 멀리 떼어 두었다가, 다시 가져와 한마디했다.

“선생님.”

“야, 이 새끼야, 왜 갑자기 선생님이야.”

“선생님, 지금 대화는 모두 녹음됩니다.” 상대방이 갑자기 잠잠해졌다.

“선생님, 물건이 도난되었다고 생각되시면 발송처나 저희 고객센터 아니면 경찰에 신고하시면 되고요. 제가 사정은 충분히 설명드렸고요. 그런데도 이리 욕하시면 안 됩니다. 계속 전화하고 욕하고 욕설 문자 보내시면 저도 고발하겠습니다.” 여전히 잠잠하다.

“선생님, 더 하실 말씀 있으십니까?”

우리 고객님께서 상당히 당황하셨다. 하지만 이대로 뭔가 밀리고 싶진 않았던 것 같다. 마지막 한마디를 굳이 또 남기신다.

"없다. 개새끼야." 그리곤 전화를 획 끊어 버린다.

아이 씨, 바빠 죽겠는데. 별…. 다시 차를 출발시켰다.

내 평생 그리 교양 있는 언어생활을 해오진 않았지만 그렇다고 늘 욕을 입에 물고 다니는 수준은 아니었다. 그렇지만 택배기사로 보낸 이 한철 동안 내가 평생 한 욕설의 절반을 쏟아 내지 않았나 싶다. 이 운전석에서 말이다. 특히 점심을 먹고 고객을 만나러 가는 오후가 되면 그 정도가 심해졌다. 상냥한 목소리로 전화를 받고, 돌아서서 혼자 욕하고, 웃는 미소로 물건을 전달하고, 나오면서 또 혼자 욕지거리.

감정노동자 보호법이 시행된 지 지금은 5년이 훌쩍 넘었다. 산업안전보건법 제41조에는 고객응대근로자를 보호하기 위한 여러 규정들이 적혀 있다.

노동자에게 폭언 폭력을 행사하는 고객은 처벌받을 수 있다. 욕설을 하면 형사처벌을 받을 수 있다는 말이다. 고객님께서는 업체로부터 친절한 서비스를 받을 권리를 구입하셨겠으나, 그것을 제공받지 못한다는 이유로 상대방에게 욕설을 하거나 모욕하거나 모멸감을 줄 수 있는 말과 행동을 할 자유까지 보장받지는 않는다는 것이다.

열 받은 직원이 고소·고발하면 당사자는 당연히 처벌을 받게 될 것이다. 그러면 회사에서 직원에게 불이익을 줄 것이 아닌가 걱정이 된다. 하지만 그런 경우 불이익을 주면 사업주는 더 큰 처벌을 받게 된다는 것이, 이 법의 주요 요지 되시겠다.

그리고 노동자에겐 '업무중지 권한'이 있다. 폭언과 폭력에 노출된 노동자는 업무를 중지할 수 있으며, 심신의 안정을 위해 '휴식할 권리'를 또 법이 보장하고 있다는 것이다. 쉽게 말해서 진상이 나타나면 전화통화를 중단하거나 업무를 중단하고 그 자리를 떠날 수 있다는 이야기다.

사장님들은 고객이 폭언하거나 폭력을 행사할 시에 직원들이 스스로를 보호하기 위해 어떻게 대응해야 하는지를 상세한 '매뉴얼'로 만들어야 한다. 그리고 이 매뉴얼의 내용에 대해서 직원들에게 사전에 '교육'도 해야 한다.

이 법은 나 같은 월급제 택배기사에겐 당연히 적용되고, 지입 택배기사와 같은 특수형태 노동자에게도 중요 조항(고객의 폭언 등에 대한 대처 방법 등이 포함된 대응지침의 제공)이 적용된다고 한다.

안타깝게도 내가 일할 당시에는 이런 법적 보호 조항이 없었다. 서비스 노동자의 개인기에 의지해서 문제를 수습해 나가야 했다. 고객센터 직원들은 또 얼마나 고충

이 많았을까. 나에게 전화한 고객들, 내가 전화를 받지 않으면 모두 콜센터로 전화해서 불만을 터뜨려 댔을 것이다. 고객센터 직원분들, 뒤늦게나마 사과드립니다.

그렇다고 내가 만난 모든 고객이 다 진상 고객이었다는 말은 아니다. 오해하면 안 된다. 분명한 것은 아직 세상에는 좋은 사람들이 훨씬 더 많다는 사실이다. 물건을 배달할 때마다 음료며 과자를 준비해 주는 사람들. 고맙다고 한마디 더 하는 사람들. 무거우니깐 1층에 꼭 두고 그냥 가라는 사람들. 그런 경우가 더 많았다.

49%의 사람들이 악한 행위를 하더라도 51%가 선한 행동을 선택한다면 그 사회는 그럭저럭 유지되는 것이다. 세상 욕할 거 없다. 내가 어느 편에 설지만 결정하면 되는 문제다.

몇몇 빌런이 정신을 어지럽히긴 했지만 그래도 택배 업무는 나름 매력적인 노동이었다. 무엇보다도 택배는 혼자 하는 일이다. 나는 이 일의 '혼자'라는 점이 참 마음에 들었다.

우리 영업소의 기사들은 대부분 중년의 느지막한 나이들이었는데, 그들도 이 일의 장점을 "혼자 일하잖아"라는 말로 표현하곤 했었다. 이곳에선 빨리하라고 재촉하는 이도 없고, 눈치 보아야 할 관리자가 있지도 않고, 책임져야 할 부하들이 있는 것도 아니다. 작업의 속도는 나의 컨디션에 맞추면 된다. 기분 좋은 날은 후다닥 처리해버리고, 좀 피곤한 날은 느릿느릿 쉬엄쉬엄할 일이다. (물론 더 늦게 퇴근해야겠지만) 무엇보다도 그놈의 인간관계의 틈바구니에서 벗어났다는 사실이 큰 매력인 것 같았다.

"야. 혼자서. 아무 타치하는 사람도 없고. 이 얼매나 좋노?"

그렇다. 생각보다 괜찮다. 나쁘지 않다. 온종일 입에 욕을 달고 다니긴 하지만, 맘껏 욕을 내뱉는 것도 혼자 일하는 덕에 가능한 것이다. 조그만 1톤 트럭 운전석엔 나뿐이다. 마음껏 온갖 욕설을 떠들어도 누구 하나 들을 사람이 없다. 조그만 사무실에 앉아서 이렇게 욕설을 해대다가는 매일 시말서를 써야 할 일이다. 상대가 직장 동료라면 주먹 다툼을 벌일 수도 있는 일. 여기서는 자유다. 마음껏 욕을 하자. 마음에 담아 두지 말고.

하루는 60층짜리 대형 아파트에 택배 반품을 받으러 갔다. 배송된 물건을 즉시 반송하겠다는 주문이었다. 발신인과 수신인이 기록된 송장 스티커가 남다르게 생겼다. 국제배송이다. 3개의 물건을 반품받아야 하는데, 엇? 물건이 4개가 있다. 심지어 온통 영어 같기도 하고 영어가 아닌 것 같기도 하다. 발송인과 수신인이 누구인지 알수가 없었다. 지금이야 전산시스템이 많이 달라졌겠지만, 내가 일할 때만 해도 허술한 부분이 많았다. 반송품의 송장도 영업사무소에서 받아온 스티커에 수기로 기록하는 시스템이었다. 어쩔 수 없다. 고객에게 전화를 걸었다.

"네, 고객님. 여기 택배실에 제가 도착했습니다. 여기 물건이 4개가 있는데 반품해야 할 물건이 어느 건지 잘 모르겠습니다."

여성의 목소리가 들렸다. "아니, 그게 주문을 취소했는데 왜 보내 주는지 모르겠네. 나는 그거 알지도 못하는 물건이니깐 알아서 반송해 주세요."

"네, 근데 여기 물건은 4개인데 반송 요청은 3개를 해 주셨습니다. 여기 그리고 주소가 모두 영어로 되어 있는데 제가 어느 것인지 통 알아볼 수가 없습니다. 안 바쁘시면 내려와서 좀 알려 주시면 좋겠는데요."

짜증 섞인 고함소리가 들려왔다. "아니, 그걸 내가 왜 내려가서 이야기해 줘야 하는데? 그냥 알아서 해 줘야지. 아니. 아저씨 초짜야?"

마징가 Z의 머리에서 카부토 코우지의 비행선이 빠져나오듯이. 초짜 택배기사의 머리에서 이성이 빠져나간다. 초짜한테 초짜라 하니 더 열이 받는다. 그래, 나 초짜다. 초짜니깐 초짜답게 응수해 주마.

“아니, 물건 보낼 사람이 어느 물건인지도 이야기 안 해주면 우째 배달을 합니까. 아주머니는 우체국도 한 번 안 가 봤어요? 알아서 보내쇼. 장난치나.”

전화를 탁 끊어 버리고, 돌아 나와 버렸다.

이른 아침 컨베이어벨트 작업 중에, 택배기사 둘이서 말다툼이 일어났다.

여기 아저씨들이 하루 내내 혼자 일하는 사람들이라 그런지 함께 모이는 아침에는 대화가 많았다. 수다쟁이들만 다 모아 놓은 것 같다. 하지만 쓸데없이 말이 많으면 화를 부르는 법. 아니나 다를까 시끌벅적하던 와중에 건너편의 두 택배기사가 서로 언성을 높이기 시작한 것이다. 급기야 험한 말도 나온다. 떠들어대던 모두가 조용해지고, 그곳을 쳐다보기 시작했다. 아이고, 와 그라노.

가만히 건너편을 쳐다보던 택신께서 혀를 끌끌 차며 한마디하셨다.

“아침부터 와 욕지거리고, 택배기사끼리.”

택신의 옆자리에 있던 고참도 한마디 거드신다.

“야야. 욕설은 고객님께 해라. 와 택배기사끼리 욕을 하고 그라노? 욕설은 고객님께. 어이?”

진로상담, 터미네이터 그리고 졸업

밸브Valve는 유체의 흐름을 조절하는 장치를 말한다. 가정에서 쓰는 수도꼭지, 샤워기와 가스레인지의 손잡이처럼 우리 일상에서도 밸브를 꽤 쉽게 찾아볼 수 있다. 빙글빙글 돌려서 잠그는 건 스크루Screw 밸브, 가로나 세로로 돌려 멈추는 건 콕Cock이라 한다.

모든 형태의 파이프가 자기 역할을 하는 것은 밸브의 덕이다. 밸브가 없으면 파이프는 무용지물이다. 흐름을 여닫는 선택을 할 수 없기 때문이다. 그런데 파이프 본체와 달리 밸브는 잦은 마찰과 부식으로 인해 쉽게 고장이 난다. 이게 항상 말썽이다. 열 때는 확실히 열어야 하고, 닫을 때는 꼭 잘 막아야 한다. 어설프게 막히거나 덜 열린 밸브는 제대로 능력을 낼 수가 없다.

화장실 변기 앞에 쪼그려 앉아 한 시간째 씨름하고 있다. 화장실 한 칸이 고장 났기 때문이다. 물이 멈추지 않는다. 변기에서 물이 안 나오는 것도 큰 문제지만, 물이 멈추지 않는 것도 큰 문제다.

화장실 변기 물 조정 장치를 '후레쉬 밸브'라고 부른

다. 그런데 신기하게도 영어에는 'fresh valve'라는 표현이 없다. 플러시 밸브flush valve가 정확한 표현이라고 한다. flush는 '물을 내리다'라는 뜻이다. 플러시 밸브가 아마도 한국에 건너오며 후레쉬 밸브가 된 것 같다. 하지만 화장실에서 오물을 씻어 내리고 맑은 물을 가져온다는 의미에서 fresh valve도 제법 근사한 이름이지 않나? flush는 오물이 주체인 데 비해 fresh는 맑은 물이 주체이지 않냐 말이지. 그렇다. 같은 배관 업무더라도 '오물 제거 작업'보다는 '맑은 물 급수 작업'이 훨씬 근사해 보인다. 잘못 전달된 용어인데도 굳이 그대로 쓰는 건 이런 이유이지 싶다.

후레쉬 밸브는 여러 부품들의 조합으로 이루어져있다. 가로 25센티, 세로 15센티 정도 되는 조그만 후레쉬 밸브 뭉치에는 네 곳의 연결 지점과 2개의 플라스틱 조절 장치가 있다. 이 플라스틱 조절 장치를 피스톤Piston과 핸들피스톤Handle-piston이라 부르는데 이 부분에서 고장이 잦다. 그래서 물 조절이 되지 않는 것이다. 피스톤 부품들은 고무 재질을 사용하는데 여름 더위를 지나 겨울의 냉기를 맞으면 딱딱해지고 갈라지게 된다. 이걸 새것으로 바꿔야 한다. 그런데 가끔 부품이 서로 호환되지 않는 경우가 있다. 제조 회사에 상관없이 제품의 규격이 균일한 게 일반적이지만, 간혹 어떤 제품은 사이즈가 미세하게 차이가 난다. 독과점은 나쁜 것이라고 알고 있지만, 이럴 때는 후레쉬 밸브 회사가 세계에서 딱 하나만 있었으면 싶다. 너무 귀찮다.

1차 작업으로 물 조절 문제는 해결했지만, 추가로 2차 작업을 해야 했다. 작업을 하다 보니 밸브 뭉치와 파이프 연결 지점에서 작은 누수를 발견했기 때문이었다. 누군가 배관 파이프를 망치 로 때린 것인지 이음 부분의 파이프가 살짝 찌그러졌다. 철재로 제작된 파이프가 서로 아귀가 안 맞으면 망치 같은 것으로 두드려서 억지로 밀어 넣는 경우가 있다. 그래도 요령껏 적당히 두드려야지, 파이프가 찌그러질 정도로 때려서 되냔 말이다. 그 부분에서 조금씩 누수가 생기고 있었다. 화장실 레버에서 물이 살짝 흘러나온다고 사용에 큰 어려움이 있는 것은 아니지만, 새어 나오는 물로 인해 바닥이 젖으면 미관상 좋지 않다. 화장실 바닥은 늘 건조한 느낌을 줘야지 좋다. 그래서 물방울이 새는 부분을 떼어 내서 테프론 실링 테이프(연결부 나사에 사용하는 누수 방지용 테이프)로 감아 준다. 그리고 조심조심 다시 연결한다. 삐뚤어진 배관을 바로잡아 연결하는 건 경험을 통한 감각이 필요하다. 쉬운 일이 아니다.

건물 4층 화장실과 건물 1층의 자재 창고를 세 번을 오가며 겨우겨우 작업을 끝냈다. 엘리베이터가 없는 오래된 낡은 건물이라 오가는 일이 만만치 않았다. 장시간

쪼그려 앉아 있었더니 혈압도 오르는 것 같다. 일어서니 살짝 어지럽다. 어쨌든 레버를 누르니 물이 시원스럽게 내려가고 적절한 시간이 지난 후 딱 끊어진다. 제대로 내려가는 물줄기를 보니 기분이 좋다. 파이프 연결 부위의 누수도 없어졌다. 기분이 '후레쉬'해진다.

어느 중학교의 시설관리원으로 재취업했다. 오늘이 근무한 지 한 달이 되는 날이다. 다음 주는 방학이 끝나고 학생들이 등교하는 날. 이것저것 서둘러 정비를 해야 했다. 형광등을 27개 교체했다. 벽걸이형 선풍기 7개를 박스에서 꺼내 조립하여 고장 난 것과 바꾸어 달았다. 그리고 학교 뒤뜰에 쌓여 있는 나뭇가지며 낙엽 뭉치들을 마대에 담아 트럭 한가득 실어 내보냈다. 창고에 쌓인 낡은 책걸상과 폐기물을 모두 처리하니 1.5톤 트럭 3대분이 나왔다. 이곳은 남학교다. 한창 사춘기인 남자아이들은 무서울 정도로 활동적이다. 여기저기 깨지고 부서진 곳이 많다. 화장실 변기가 쓰러져 백시멘트를 다시 발라 고정해 주었다. 떨어져 나간 소변기 칸막이 4개도 재설치했다. 화장실 문고리는 왜 이리 많이 부서졌는지 알 수 없다. 문고리만 10개 정도를 교체한 것 같다. 우리 남학생들은 문을 열 때 손보다는 발을 먼저 쓰는 것 같다. 발자국도 선명하다. 신사 여러분, 문을 열 때는 발 대신 손을 써 주세요.

여하튼 새로운 직장, 새로운 환경에 적응하려니 맘도 바쁘고 몸도 피곤하다.

새로 일하게 된 곳은 60년의 역사를 가진 오래된 중학교다. 학교 건물 자체는 나의 중학 시절을 바로 떠올리게 할 만큼 오래된 모습이 많았다. 좁은 복도와 나무로 만든 미닫이 창문. 바깥 창 밑으로는 청소도구를 넣어 두는 나무사물함들이 보인다. 돌로 만들어진 중앙계단. 운동장을 바라보며 옆으로 길쭉한 단순한 사각의 건물 외관. 국기게양대와 작은 화단들까지. 일하다 보면 그 시절 추억들이 하나씩 떠오르곤 한다. 지지리도 선생님 말씀을 안 듣던 그 까까머리들은 지금 어디에서 무얼 하며 살고 있을까.

그렇다고 학교가 과거와 모두 똑같지는 않았다. 당연한 일이다. 일단 학급 수가 확 줄었다. 학년당 3개 학급. 그리고 학급당 학생 수는 20~25명 정도였다. 작업실 선반 구석에는 옛날에 쓰던 것으로 보이는 교실 명패가 보관되어 있었는데 2학년 10반이라고 선명히 적혀 있다. 한 학년에 10개 학급이 있었다는 증거다. 그 시절 한 반에 학생 수가 50~60명씩은 되었으니 전교생을 모으면 대략 1,500명은 족히 되었을 것이다. 이 좁은 학교에서 1,500명이라니. 그 시대 선생님들 참 힘드셨겠다는 생각이 든다. 그리고 1,500명의 왕성한 소년들이 깨고 부수는 학교를 보수하던 그 시절 시설관리원은 도대체 어찌 일했을까 생각하니 아이고, 현기증이 느껴진다.

그 밖에도 달라진 것들이 많다. 이제 학교에는 수업 특성을 살린 다양한 교실이 있다. 체육실·미술실·음악실·과학실·도서실은 기본이고, 수학실이라는 공간도 있다. 수학실은 무얼 하는 공간일까? 새로운 교육환경이 아직 모두 이해가 되진 않는다. 다용도실·학생회실·학부모실·방송실·상담실 그리고 교복 나눔을 위한 교복 보관실도 있다. 무엇보다도 과거와 차이를 느끼게 하는 것은 압도적인 규모를 가진 급식 조리실이다. 가득 찬 기계시설과 다양한 그릇과 용품들. 학교에서 먹을 수 있는 조리된 음식이라곤 조그만 매점의 쫄면뿐이었던 우리 세대와는 전혀 다른 환경인 것이다. 식사 시간마다 조용히 자리를 뜨는 몇몇 친구들이 종종 있었다. 그 얼마나 매정한 시절이었나. 세상은 그래도 조금씩이나마 확실하게 나아진 것 같다. 분명하다.

무엇보다도 나의 주의를 끄는 것은 상담실과 별도로 마련된 진로교과실과 진로상담실이었다. 그 공간이 어떤 역할을 하고 있는지. 어떤 내용으로 운영되는지 나는 아직 모른다. 하지만, 진로에 대해 고민하고 상담할 수 있는 공간이 있다는 사실만으로도 확실히 과거와는 다르다고 느껴졌다.

　무릇 사람에게 있어 인생 최대의 고민은 뭘까? '어떻게 먹고사느냐'이지 않을까? 물론 예외적인 상황도 있겠지만, 대다수 사람들의 인생에서 가장 큰 고민은 역시 먹고사는 문제가 아닐까 생각한다. 신기한 건 나는 학창 시절에 이에 관한 공부를 해 본 기억이 없다는 것이다. 진로나 직업의 선택에 대한 교육을 받아 본 적이 없다. 나만 그런가? 아니면 배운 걸 홀라당 그 자리에서 다 까먹고 뒤늦게 안 배웠다고 내가 우기는 것일까?

　세상에는 몇 개의 직업이 있고, 그 직업의 특성들은 어떠한 것인가? 나의 성격과 적성은 어떠하고 어떤 직업이 나와 잘 어울리는가? 노동은 선택일 수 있는가? 직업이 없으면 안 되나? 이런 주제에 대해 상당 기간 배우고 고민해 봐야 하지 않았을까 생각한다.

　'내가 좋아하는 것은 무엇인가? 그것은 어떤 일, 어떤 직업과 연계되어 있는가?' 이런 고민을 하다 보면 '나는 뭘 하면 행복해하는가?'라는 질문에 이르고, '그렇다면 행복이란 또 무엇인가?'에 대한 고민도 시작될 것이다. 먹고사는 일에 대한 고민은 자연스레 인간의 삶에 대한 호기심, 사회와 제도에 대한 궁금증으로 심화되고, 관련된 여러 학문의 주제들과 하나하나 연결고리를 만들어 나갈 것이다.

그런데 엎어놓고 국·영·수가 그렇게 다급했을까. 그것들이 그렇게 바삐 배워야 할 대단한 것들이었나. 나를 키운 그 교육의 목적에 대해, 나는 지금까지도 의문스럽다.

진로 교육의 일환으로 일군의 중학생들이 내가 일하던 공장에 견학을 하러 찾아온 적이 있었다. 진주시 반성 농공단지農工團地의 한 부품공장에서 일할 때였다.

진주시의 동편에는 반성면이라는 재미있는 지명을 가진 동네가 있다. 모든 곳에서 반성하는 마을이다. 버스는 반성터미널, 기차는 반성역, 장은 반성시장. 중학교 아이들은 아침마다 반성중. 나는 반성공단의 한 농기계 부품 공장에서 일했다. 공장에는 농기계 부품을 용접하는 로봇이 있었는데 이 자동용접 로봇의 파트너로 취직하게 된 것이다. 일종의 용접 전용 CNC 기계였다. 내가 자재를 위치에 올려 주면 로봇이 용접을 하고, 용접이 끝나면 내가 제품을 수거하고 새로운 자재를 올려 준다. 그리고 용접 상태를 검사하고 간단한 위치 조정을 해 주는 것이 나의 임무였다. 나는 이 용접로봇에게 이름을 붙여주었다. 아놀드. 〈터미네이터〉의 주연배우 아놀드를 말함이다.

　1999년 파멸의 날에 아놀드는 악당을 무찌르고 세상을 구했다. 사라 코너(린다 해밀턴)와 그의 아들 존 코너(에드워드 펄롱)가 살아갈 새로운 세계를 위해 아놀드는 엄지손가락을 쭉 뻗으며 용광로에 몸을 던졌다. 이야기는 여기서 끝났지만, 아뿔싸, 용광로가 식어 버린 탓에 몸의 일부가 남아 버린 것이다. 아놀드는 허겁지겁 신분을 위장한 채로 이 공장에 취직하게 되었다. 그리고 자신의 잘못을 '반성'하며 하루하루를 보내고 있었다.

　아놀드는 과묵한 동료였다. 좀체 농담도 잡담도 없었다. 그리고 무척 성실하여, 내가 조금만 늑장을 부리면 내 뒤에 작업해야 할 제품을 한가득 쌓아 놓기 일쑤였다. 아놀드를 보면 로봇의 '로'는 노동할 로勞일 것이라고 생각될 정도였다. 한국의 사장님들은 '노동하다'라는 말 앞에 '성실하다'는 수식어를 붙이기 좋아한다. 그래서 노동자를 굳이 근로자라고 표기해야 한다고 늘 주장하지 않는가? 그들은 성실한 아놀드를 보면 로봇의 이름도 아마 '근로봇'으로 해야 한다고 법 개정을 요구할지도 모르겠다.

　어쨌든 그러던 어느 날 한 무리의 중학생들이 선생님을 따라 우리 공장에 견학을 오게 되었다. 이 학교는 공장과 자매결연 같은 것을 해서 매년 견학을 온다고 했다. 사장님은 공장의 여러 시설 중에 가장 자랑스러워하시는 로봇 용접기를 아이들이 보길 바랐다. 그래서 버스를 타고 온 30여 명의 중학생들은 나와 터미네이터의 근처에 둘러서서 우리의 작업을 관람했다. 용접 불빛에 눈이 부실 수 있으니 3D 영화관람처럼 차광렌즈도 하나씩 지급되었다. 관중 앞에서 공연을 한 게 얼마 만일까? 아놀드는 살짝 긴장한 표정이었다.

번쩍번쩍 지직지직 윙윙윙. 터미네이터는 플라즈마 광선을 쏘며 평소와 다름없이 정교한 제품 용접을 진행했다. 용접을 이해하는 나의 눈에는 제법 멋진 광경이다. 하지만 우리 학생들의 표정은 그렇지 못했다. 다들 심드렁한 얼굴이다.

아마도 아이들에게는 낡은 작업복을 입은 나이 든 아저씨가 볼품없는 기계 앞에서 소음과 먼지 연기를 날려대는 볼썽사나운 모습으로 밖에 보이지 않는 듯했다.

"야, 아놀드! 쟤네 표정이 왜 저래?"

물었지만 터미네이터는 대답이 없다. 그는 언제나처럼 묵묵히 일하고 있을 뿐. 성실한 근로봇 아놀드는 타인의 평가 따위에 신경을 쓰는 존재가 아니었다. 아이들은 심드렁한 표정 그대로 버스를 타고 돌아갔다. 담당 선생님은 내년에도 또 올 것이라고 한다. I'll be back!

내일모레는 중학교 졸업식이다. 졸업하는 친구들 중엔 특성화고 혹은 전문계 고등학교에 진학해서 취업 전선에 먼저 나설 준비를 하는 이들도 있을 것이다. 이들은 다른 친구들보다 앞서 보호자의 품에서 벗어나 독립할 가능성이 높다. 둥지를 떠나 날개를 편 한 마리 새가 되는 것이다. 하지만 독립과 성장이라는 의미 있는 인생 과정을 패배와 도태로 잘못 읽어 버리는 경우가 더러 있다. 고졸로 얻을 수 있는 직업은 보잘것없을 거라는 판단 때문이다.

인생을 살며 뭔가 대단한 직업을 가져야 한다고 생각하는 건 대단한 착각이다. 직업을 갖고 노동하며 독립한 개체로 생존한다는 사실 그 자체만큼 중요한 의미를 갖는 건 없다. 그 외 나머지는 해도 그만 아니어도 그만일 뿐이다. 우리에게 중요한 것은 노동으로 내 삶을 책임지는 일이다. 그것으로 내 인생 항로의 키를 쥐는 것이다. 인생은 생존이 우선이다. 나머지는 구차한 치장이나 마찬가지. 치장은 있으면 물론 근사해 보이나 없어도 문제될 것이 없다.

실지로 우리 사회엔 낮은 평가를 받는 노동이 있다. 그런데 대개의 경우 그 평가는 무척이나 부당한 논리를 근거로 한다. 차분히 따져보면 그렇게 무시당할 만한 노동 따윈 웬만해선 없다. 어느 이빨 하나라도 빠지면 정상적으로 유지되기 어려운 것이 촘촘한 현대사회의 시스템 아닌가. 핵심 노동과 주변부 노동이라는 이분법은 사장님들이 월급을 아끼기 위해 그냥 즐겨 쓰는 말일뿐. 2등 노동자는 없다.

화장실 대변기 앞에서 쭈그려 앉아 물을 내리려 악전고투하는 시설관리원보다 학교를 운영하고 유지하는 중책을 맡은 교장 선생님 같은 분이 훨씬 근사해 보일 수 있겠다. 내가 생각해도 그쪽이 근사해 보인다. 하지만 노동에 등수를 매길 수 있나? 그렇지 않다. 학교의 운영을 위한 의사결정의 서열은 정할 수 있어도, 어느 노동이 더욱 존귀하다는 우열 따위는 정할 수 없다. 교장 선생님의 결정이 없으면 학교의 시스템이 원활히 돌아가지 않는 것과 같이 시설관리원이 없으면 이 건물의 정상적인 사용은 불가능하다. 함께 일하는 경비원도 미화원도 그리고 조리사님들도 마찬가지다. 학교란 공간은 이 모든 노동과 노동이 만나서 구성하는 것이다. 학교 밖 세상도 마찬가지다.

어쨌든 학생 여러분, 졸업을 축하합니다. 인문계 고교든 전문계 고교든 재미있는 학창 시절 보냈으면 합니다. 그리고 화장실 문, 발로 차지 맙시다. 안에 있는 친구 놀란다.

76년생 나

질병으로 쉽게 죽지 않는 시대에 태어났다
기아로 고통받지 않았고
배고픔으로 서러워 본 일 없다
넉넉하진 않았지만 그럭저럭 학교에 다녔고
철딱서니 없으리만치 보고 싶은 책만 봤다
정부를 비난했다고 장기투옥되거나 고문받지 않았고
노동조합 한다고 굶거나 큰 병 들지 않았다
냉전은 있었지만 전쟁은 없었다
군사훈련을 받았지만 전투에 나갈 일 없었고
총을 쏘았지만 과녁을 맞히었을 뿐이다
어릴 때는 골목마다 친구들이 가득한
요즘 보기 힘든 행복한 유년을 보내었고
왕따란 말이 아직은 낯설던 청소년기를 보냈다
암울한 역사와 가난 속에 살아온
아버지 어머니 할아버지 할머니보다 천국이었고
무한 경쟁과 환경 오염 속에 살아갈
후세들에 비교해도 천국일지 모를

운 좋은 사람으로 태어나
정말 운 좋게 아직 살아 있는
오늘 또
하루

어느 입학식

의자에 앉아서 기다린 지 벌써 30분이 넘었다. 예정된 시간보다 20분가량 일찍 들어와서 대기하고 있었으니 합하면 50분을 이러고 있었던 것이다. 도대체 언제 시작할 것인가. 분노 같은 것이 스멀스멀 피어오른다. 좋지 않다. 마음을, 마음을 평온하게.

내겐 습관적인 분노 증세 같은 게 있는 것 같다. 사건 사고 뉴스에서 이야기되는 '분노 조절 장애'의 수준은 아니라 하더라도 툭하면 일어나는 마음의 폭풍, 이것이 오랫동안 내 안에 습관으로 자리 잡은 것 같아 걱정이다. 매우 좋지 않다. 돌이켜 보면 후회하는 일들의 대부분이 이렇게 사소한 분노에서 생겨난 것들이지 않은가. 아무짝에도 쓸모없다는 화와 짜증 그리고 분노 따위를 참으로 끈덕지게 붙들고 살아가고 있다.

분별심이라는 것을 버리라고 한다. 매사 옳고 그름을 따져 대서는 안 된다는 것이다. 사람과 사람 속에 섞여 살아가려면, 자잘한 잘못과 실수에 대해 마음의 여유를 두어야 한다. 함께 가는 길에서 서로의 보폭을 맞추는 것은 그렇게 간단한 일이 아니기 때문이다.

어디 한번 배운 대로 해보자. 숨을 크게 들이쉬고, 천천히 내쉰다. 천천히 들숨과 날숨을 반복한다. 요동치던 마음의 물결이 잠잠해지고, 그러다 바람 없는 호수같이 투명해지길.

오늘은 입학식이다. 나라에서 운영하는 1년제 기술대학에 지원했다. 기술대학의 용접학과에 신청한 것이다. 일하며 '야매'로 배운 몇 가지 기술들을 정식으로 배워서 자격증을 받아두고 싶었다.

이 자격증이 있다고 뭐 특별히 대단한 기술자로 인정받는 것은 아니다. 사실 용접이든 배관이든 자격증 시험에서 요구하는 단순한 몇 가지 기술만으로 현장에서 업무를 원활하게 하긴 어렵다. 자격증보다는 현장에서 업무를 처리해 본 실제 경험이 더 중요했다. 그런데 다년간 이런저런 현장업무를 해본 결과 우리 사회에선 '경력 관리'라는 것이 참으로 어렵다는 것을 알게 되었다. '내가 이 업무를 3년을 했습니다'라고 증명할 방법이 없는 것이다. 고심 끝에 내린 결론이 자격증이었다. 적어도 '내가 이 분야에 처음은 아닙니다'라고 밝힐만한 소박한 증명서가 될 수 있으리라 생각했다.

그리고 용접과 배관 자격증은 중도에 포기하지만 않으면 웬만하면 다 취득할 수 있다는 점도 좋았다. 해당 자격증 시험은 굳이 등수를 매겨서 일정 수만 뽑는 경쟁시험은 아니었다.

실지로 많은 자격증이 형식은 절대평가이지만 사실은 상대평가인 경쟁시험으로 운영되고 있었다. 물론 자격의 남발을 막고 자격증의 가치를 높이는 일은 분명 필요하다. 하지만 도를 넘어선 경우가 많아 보인다. 업무 능력과 하등의 관계없는 과목을 굳이 포함하는 경우나 과도할 정도로 불필요한 암기 능력을 요구하는 경우가 많았다.

안정된 직업을 보장한다면 어느 정도 시간과 노력을 투자해야 할지도 모르겠다. 하지만 불필요한 과목에 투자한 시간, 너무나 지엽적이고 실무적으로 전혀 쓸모도 없는 암기 지식 나부랭이에 바쳐 버린 세월은 어찌하나. 그게 다 국가자원 낭비 아닌가 말이다. 암기력 성적 따위로 사람을 추려낸다? 차라리 사회봉사 참여 점수로 추려내는 건 어떤가? 낙방하더라도, 내가 누군가를 위하여 봉사했다는 보람이라도 남지 않겠냔 말이지.

게다가 가난한 이들에게는 이러한 방식의 시험은 일종의 위험한 도박이 아닐 수 없다. 수년간의 노력과 고생이 낙방과 함께 일순간에 날아가 버리기 때문이다. 이러한 방식의 선발은 그 선발 시험에 그만한 시간과 노력을 베팅할 판돈이 있는 사람들에게나 유리한 방식이다.

그래서 자격증 시험은 경쟁시험으로 운영해서는 안 된다고 본다. 학점 취득제와 같은 운영방식이 적당하지 않을까 생각된다. 자격증 취득이 인생 한 방의 룰렛 게임이라니, 이건 좀 아니지 않느냔 말이다.

어쨌든 용접과 배관 자격증은 그런 편법적인 경쟁시험이 아니라서 좋았다.

기술대학은 무료였다. 게다가 소정의 등교 비용도 지급되었다. 월 20만 원 정도 되는데 출석일에 대한 교통비와 식대였다. 내 나라가 점점 이리 복지국가가 되어 가고 있다는 생각에 살짝 뿌듯했다.

하지만 1년의 과정을 이수하는데 충분한 지원은 아닌 것 같다. '최소한 실업급여 수준의 수당은 지급되어야 하지 않나? 한 달에 들어가는 최소한의 생활 비용은 충당할 정도로 지원을 해 줄 순 없을까?' 하는 생각이 들었다. 모아 놓은 돈을 까먹거나 심지어는 빚을 내야 1년을 채울 수 있으니, 이게 아쉬운 점이다. 한 달 한 달 겨우 생활하는 저소득층 노동자는 새로운 기술을 익히려 해도 쉽지가 않은 것이다. 결국 같은 월급생활자라 하더라도 중산층 소득 이상의 노동자들이 기술 재습득도 유리한 형국이다. 가난한 부모를 가진 청년들 또한 마찬가지다. 실업에서 벗어나기 위해서, 최소한의 기술력을 재학습하기 위해서 혹은 구조조정 당한 중년의 새로운 진로 탐색을 위해, 고작 1~2년의 적정 생활비를 보장하는 것. 그게 우리 사회가 감당할 수 없는 수준의 비용인 것일까?

이런저런 생각을 머리에 담고 있으니, 〈광안리 해변 불꽃축제〉 같은 것을 볼 때마다 괜히 짜증이 난다. 그리고 어느 동네의 20억짜리 아파트가 40억으로 올랐다는 소식, 그 아파트엔 우리 시장님도 살고 있다는 소식, 정부와 국회에서 부동산세·상속세·증여세 같은 것들을 면제해 줄 계획이라는 소식 따위를 들으면 또 분노가 일어나게 된다.

아, 안 된다. 분노는 아무짝에도 쓸모가 없다. 자, 다시. 숨을 크게 들이쉬고, 천천히 내쉰다. 들이쉬고, 내쉬고.

그건 그렇고, 이 입학식은 누구의 입학식인가 헷갈리기 시작한다. 아까부터 계속 반복해서 연습하는 것이 다름이 아니라 "이사장님 입장하십니다"라는 멘트에 맞추어 일어서서 박수를 치는 것이다. 한 번만 하자, 한 번만. 몇 번을 시키냔 말이야. 게다가 그 이사장님이 학교 관계자들과 인사를 하고 오시느라 조금 늦어지고 있다고 한다. 뭔 짓이래? 차가 막혀서 늦게 왔다면 이해라도 하지, 지각쟁이께서 지금 높으신 분들과 인사한다고 입학식의 학생과 그 가족들을 이리 기다리게 하는 게 말이 되냔 말이다.

　신임 이사장께서는 이 지역 출신이라 특별히 오늘 이곳 캠퍼스의 입학식을 참관하신다고 한다. 사람이 높은 자리에 오르면 고향 땅도 한 번 와 보고 싶고 그런 것이다. 내 그건 이해한다. 그럼 냉큼 와서 일단 학생과 가족들을 먼저 만나야지 뭐 하는 짓인가.

　도대체 오늘 주인공이 누구라고 생각들 하시는 건가. 학생들이 오늘 주인공 아닌가 말이다. 어느 대학의 로스쿨이나 의대 입학식이라면 이랬을까? 그런 곳이라면 학부모와 학생들을 이리 기다리게 했을까? 그렇진 않을 것 같다. 그런데 여기선 학생들을 이리 줄 세워 제식훈련을 강요하고 있으니 이거 너무한 거 아니냔 말이지.

　사회 엘리트로 발탁된 청년들은 애정과 존중의 대상이고, 현장 노동자로 살아갈 청년들은 이런 대접을 당연하게 받으라는 것인가? 노동하는 사람 따위 존중하지 않는 것이 어차피 이 사회의 상식이니, 입학식에서부터 확실히 여러분의 계급과 처지에 대해 인식시켜 주시려는 큰 그림이신 걸까. 왜 입학식에서부터 제식훈련 같은 것을 요구하고, 이사장에 대한 경배를 요구하는 것인지 알 수가 없다. 등록금이 공짜라서 그런가? 그래도 그렇지. 오늘 행사의 주인공은 학생들이어야 할 것 아닌가. 안타깝지 않을 수 없다.

아, 다시 숨을 크게 들이쉬고, 천천히 내쉰다.

길다 싶으면 길고 짧다고 생각하면 짧은 30분이 지나고 다급하게 사회자가 뛰어나온다. 그리고 행사의 시작을 알린다. 잠시 뒤 한참을 연습한 그것을 하기 시작했다.

“이사장님께서 입장하십니다. 큰 박수 부탁드립니다.”

자격증 취득기

어쨌든 입학식은 내게 하나의 상징적인 사건으로 보였다. 이 나라에서 노동하며 살아간다는 것의 의미를 상징하는 사건. 우리들의 노동은 얼마나 존중받지 못하는 것인가. 배움의 현장에서부터 말이다.

하나를 보면 열을 알 수 있다고 했다. 이러한 태도는 수업 진행과 학교 운영에서도 그대로 되풀이되었다. 기술대학의 담당 과목 선생님은 내일모레 서른이 될 청년이 수업에 좀 늦었다는 이유로 출석부로 머리를 때렸다. 모든 학생이 보는 앞에서 거침없이 모욕을 줬던 것이다. 당한 학생에게도 모욕적이었겠지만, 그것을 보고 있는 모두에게 역시 이것은 무례한 행위였다. 은행에서 정년 퇴직하고 환갑의 나이에 용접을 배우러 오신 분도 그 교실에 함께하고 있었다. 아? 이게 뭐 하는 짓이지? 핸드폰을 들고 사진을 남겨야 할까, 아니면 경찰에 신고해야 할까? 한참을 고민했다. 초중등 교육에서 사라진 체벌이 성인들을 상대로 버젓이 벌어지는 이 몰상식한 장면을 이해할 수가 없었다. 아니 왜 이러시는 것이죠?

더군다나 홈페이지 입학 소개에 나온 몇 가지 수업은 진행하지도 않았다. 물론 사정을 설명하면 이해할 수도 있는 경우라고 본다. 수업 담당자가 판단하기에 용접 실무를 가르치는 게 최우선이라고 생각하고 한 시간이라도 더 실습 훈련에 투자해 보려는 것일 수도 있다. 실지로 용접은 실습이 중요하지 실내 교육은 그리 중요하지 않다. 하지만 아무런 설명이 없다는 것이 문제다. 입학 안내서에 설명된 수업 계획이 있는데, 그것들을 왜 하지 않는 것인지 최소한 설명은 있어야 하지 않나? 제품 설명서에 이리 적히지 않았잖습니까? 물건을 이리 팔아도 되나요? 공짜라서 그런 건가요?

그리고 그렇게 사라진 수업에 대해서는 학교에서 책임을 지면 될 문제이지, 학생들에게 가짜 출석 체크를 하게 하는 건 또 뭔가? 학생들을 동영상 강의실에 불러와서는 무려 이틀에 걸쳐 진행하지도 않은 가짜 강의에 출석 체크를 하게 만들었다. 아니, 이걸 지금 이래도 되나요? 당신들끼리 속닥속닥해서 학생들은 모르게 해야지, 학생들을 이용해서 위에서 모르게 하는 겁니까? 지금 누구 눈치를 먼저 보셔야 하나요?

그리고 1학기가 마무리되던 또 어느 날.

학과에선 오후 수업을 일찍 마치고 인근 삼겹살집에서 파티를 한다고 했다. 일종의 종강 파티인가보다. 선생님들이 계산하시나? 좋은데? 그래, 규정이 잘 안 지켜지고 주먹구구인 것 같지만, 대신 또 '끈끈한 정'이 있는 게 이 나라 아닌가? 가서 고기 한 점 먹고, 이런저런 이야기를 허심탄회하게 나누고, 그러다 보면 학과 운영이 앞으로는 또 변화하기도 하고 그러는 것이겠지. 세상 너무 고지식하게 규칙에만 얽매여서는 안 되는 법이라고 생각하며 고깃집으로 향했다.

음식을 차려 놓고 사람들이 얼추 다 모였다. 그리고 학과 담당 교수께서 일어나 한마디하신다. 그런데 듣고 보니 아리송하다.

그러니깐 간단히 말하자면, 내일이 강의 평가 날이라는 이야기였다. 그러니 오늘 잘 먹고, 내일 잘 부탁한다는 말이다. 아?

우리 사회에 만연한 노동 기피의 풍조는 어디에서 출발할까? 우리 자녀는 절대로 나처럼 노동일 따위를 해서는 안 된다는 부모님들의 저 강한 집념은 어디에서 나오는 것일까? 노동 그 자체에 이유가 있는 것은 아니라고 본다. 그것은 바로 일하는 사람에 대한 존중감의 파괴에서 나온다.

당신의 노동은 초등학교만 나와도 되는 자리라 존중받지 못한다. 당신의 노동은 단순하기 때문에, 당신의 일자리는 하려는 사람이 줄을 서서. 그 일은 먼지가 날리고 고되며 위험한 일이라 당연히 존중 따위 필요가 없는 것이다.

온갖 이유로 노동의 일상은 갑질로 가득하다. 민원과 서비스를 담당하는 감정노동 현장의 일상은 폭언과 욕설로, 모욕과 고성으로 흘러간다. 민원 업무가 아닌 다른 현장이라고 특별히 다를 것도 없다. 근로계약에도 없는 부당한 작업지시, 이에 따르지 않는 자들에 대한 직장 내 괴롭힘. 위험 노동, 동의받지 않는 연장과 야간 그리고 휴일의 강제근로로 가득하다.

법은 있되 지켜지지 않고 형식적인 행위만 할 뿐이다. 안전교육은 진행되지 않고, 다만 수십 시간 동안 안전교육을 받았다는 확인서에 끊임없이 서명을 채우게 한다. 위험한 현장일수록 안전교육이 많은 것이 아니라 안전교육을 이수했다는 사인을 할 공란이 많을 뿐이다. 진행하지 않는 수업을 몰래 서명으로 채워 넣는 기술학교의 모습과 실제의 현실은 이렇게 놀랍게도 닮아 있다. 아, 이토록 현실의 고증이 철저한 교육이라니. 그 섬세한 디테일과 배려에 눈물이 난다.

숱한 안전교육의 공란을 채우는 행위를 하다 보면, 어느새 오야지(건설현장 등의 중간 관리자이자 형식상 사용자)에게 통장과 도장 그리고 카드와 비밀번호를 전달하는 일 등에도 익숙해진다. 근로기준법 9조에는 명백하게 "중간착취의 배제"라는 항목이 있고 위반 시 큰 처벌을 받도록 하고 있지만, 현실에서는 바로 그 중간착취가 횡행한다. 하청업체에서 물량팀 등의 인력 도급 책임자(물량팀장 또는 오야지)에게 1인당 인건비 15만 원, 식대와 숙박비 3만 원을 지급하면 중간에서 인건비를 14만 원 지급하고 식대와 숙박비 등은 가짜 서류를 만들어 떼어먹는 것을 속칭 "똥떼기"라고 말한다. 똥떼기라, 누가 만든 말인지 몰라도 참으로 적절한 표현 아닌가? 없는 놈들의 창자를 쥐어짜 내어 그 똥이라도 떼어 모으면 큰 재산이 되는 법이다. 이 얼마나 적절한 표현이냔 말이지. 그만큼 악랄하고 지저분한 행위라는 뜻의 감정 섞인 표현인 셈이다. 주로 대기업의 재하청에서나 공공기관의 하청에서 많이 발생하고 있다. 중소기업의 현장에서는 그냥 노골적으로 떼어먹고, 큰 회사에서는 이렇게 서류를 만들어 떼어먹는 차이가 있을 뿐이다. 이렇게 가짜로 서류를 만드는 작업을 이곳 교육 기관에서 미리미리 살뜰히 가르쳐 주시는 셈이다.

최소한 기술학교는 이러한 악습을 파괴하고 존중받는 노동을 보여 주고 가르쳐야 하는 곳이지 않을까? 당신의 노동으로 세상이 운영되며, 당신의 손으로 이 사회의 부유함이 넘쳐 난다고 자신감과 긍지를 심어 주어야 하지 않냔 말이다.

하지만 여전히 낡은 교육 훈련 습성들이 남아 있는 것을 느꼈다. 좀 더 나은 교육을 위한다면 더 신랄한 비판을 감수하고, 더 적극적인 피드백을 열어 두어야 할 것인데. 마지막에 그 평가의 과정조차 오염시키는 것은 당최 이해할 수가 없다.

주인공이어야 할 사람들을 배경 그림으로 삼아 박수 속에 등장했던 그날의 이사장님처럼, 우리의 노동은 언제나 주인공을 빛내는 조연의 무대만 허락되는 것인가.

어느 오후 연습시간.

제법 재미있었다. 손은 떨려 삐뚤삐뚤 쇳물이 흘러내렸고, 용접봉과 재료 사이의 거리 조절에 실패해서 툭하면 철판에 구멍을 내었지만, 그래도 재미가 있다. 1시간에 10분 휴식이지만, 그것도 아깝다고 생각하며 한참을 용접하다가 잠시 쉬러 나왔다. 마침 뒤뜰에는 청년들이 많이 나와 있었다.

우리 스무 살 청춘들은 용접도 재미가 있지만 다른 할 일도 많은 것 같았다. 담배도 피우고, 농담도 나누고, 핸드폰 게임도 하고 바빴다. 뭐든지 재미있을 나이 아닌가. 나의 스무 살 무렵을 생각한다. 하고많은 날들, 그놈의 술이나 퍼마시고 다니던 내 모습과 비교해 본다. 지나온

시간들이 참으로 부끄러워졌다.

"오. 형님, 쉬지를 않으십니다." 붙임성 좋은 친구 하나가 말을 걸어왔다. 다들 30분 하고 30분 쉬는데, 내가 제일 열심히 하고 있다는 것이다.

"오. 글나? 나는 이게 재미가 있네" 하고 답해 주었다.

몇몇 친구들은 선생님 나이의 사람이 옆에 있으니 불편한 표정이다. 괜히 눈치가 보이는 것 같았다. 맘 편하게 해 주려고 한마디했다.

"천천히들 해라. 인생 재미있게 살아야지, 너무 애쓰면 지친다."

여기서 끝냈어야 했는데 굳이 쓸데없는 말을 보탰다.

"쉬어 가면서 하면 돼. 하다가 또 안 되면 어떻노. 내처럼 늦게라도 또 공부하러 오면 되지. 그게 뭐라고."

나는 나름대로 눈치 보지 말고 편하게 쉬어 가며 연습하라는 뜻이었는데, 뭔가 잘못 이야기한 것인가. 20대 초반의 친구들이 크게 깨달은 얼굴로 우루루 연습을 하러 들어갔다. 주위가 썰렁하다.

음…. 나처럼 되기 싫다거나, 뭐 그런 것인가?

아니지?

응? 어이. 학생 여러분!

죽거나 혹은 퇴근하거나

5년 넘게 배 만드는 일을 했지만, 어찌 된 것인지 내가 만든 배는 왜 항상 공사 기간을 제대로 못 맞추는 것인지 알 수 없다. 아니, 주변의 모든 배가 다 그런 것 같다. 항상 공사가 늦어져서 늘 일을 서둘러야 하는 것이다. 미스터리가 아닐 수 없다. 빨리빨리 대한민국 아니었나. 왜 이리 느려 터진 것인가.

의심을 품게 된다. 제대로 일정을 맞추지 못하는 것이 아니라, 애초에 일정을 지나치게 짧게 잡아 놓는 것은 아닐까 하고 말이다.

주 5일 근무 시대가 열린 지 십수 년이 되었음에도 나는 아직도 십수 년 전 사람인지, 너무도 당연한 듯 토요일 근무를 하고 있다. 아주 자연스럽다. 이 나라 노동법에는 40시간 노동제라고 떡하니 적혀 있는데, 왜 그런 것일까. 언론에서도 52시간 노동제란 말을 당연한 듯 쓰고 있다. 노동법 준수를 감시해야 할 노동부가 운영하는 채용 포털 사이트인 〈워크넷〉에서도 버젓이 주 6일 근무라며 사람을 모집하고 있다. 주 40시간이 법이 정한 기준이고 "노동자의 동의하에" 연장근무를 할 수 있으며, "노동자

가 동의하더라도” 주당 12시간은 넘기지 말라고 법에 적혀 있지 않나? 내가 잘못 읽었나? 근데 이놈이고 저 양반이고 52시간 노동제란 말을 너무 당연한 듯 사용한다. 여보쇼. 난 동의하지 않아요. 왜 당연히 동의할 것처럼 이야기하는 것이요?

근데 오늘은 토요일 근무에도 모자라 덤으로 일요일 근무까지 나섰다. 아이고 내 팔자야.

건너편 도크에 만들고 있는 ‘똥배’ 한 대가 조만간 시운전試運轉(시험운전)을 나가야 하는데 오늘까지도 갑판 위에 몇 가지 시설물이 설치되지 않았다는 것이다. 목포의 한 조선소에서 이웃 선박의 철야 작업에 투입되었던 에피소드를 앞서 이야기했는데, 그것과 비슷한 상황인 것. 다만 여긴 육지 반대편 울산이라는 차이뿐이다. 서해 바다에서도 시운전 전날에 날램 마무리를 하였고, 동해 바다에서도 시운전 직전에 날램 마무리를 하고 있다. 동서의 융합, 경상도와 전라도의 한마음. 아름답다.

여기서 똥배라 함은 LNG, LPG, 유조선, 시추선 등 고가高價의 선박이 아닌 일반 화물선이나 컨테이너선 등 중저가의 선박을 말한다. ‘똥배’라고 쓰고 ‘똥빼’라고 발음한다. 전문용어다. 여하튼 일요일에 출근해서 투덜대며 똥배에 올라 작업을 준비한다. 물량팀 일당공이 시키는 대로 해야지, 안 하면 어쩌겠나. 배가 어서 나가야 한다지 않나.

이번엔 중장비가 꽤 많이 함께한다. 먼저 산소절단기를 설치하고, CO_2 용접기를 설치했다. 그리고 그라인더로 번쩍번쩍 불꽃을 내며 작업을 시작한다. 목포에서의 경우보다는 시간적 여유가 있었다. 최소한 배가 나가는 날이 당장 내일은 아니었다.

근데 작업을 시작하려는 찰나 바로 아래 칸에서 아니나 다를까 아주머니들이 삼삼오오 모여서 도장 작업을 시작하는 것이다. 난감하다. 우리가 작업하는 위 칸과 도장팀이 모인 아래 칸 사이가 오픈그레이팅(쇠창살처럼 생긴 격자 발판)으로 연결되어 있는데, 저 아래 시너 통에 불꽃이라도 튀는 순간 너도 나도 사이좋게 골로 가는 셈. 불과 기름, 아니 불과 시너가 만났으니 참 좋은 그림이다. 이 또한 동서의 화합이요, 경상도와 전라도의 한마음인가. 아름답다.

당연하게도 아래 칸의 도장팀 작업반장이 우리 쪽으로 올라와서 항의한다. 도장원들은 거의 여성인데 작업반장은 남자다. 뭐 하는 짓이냐고 언성을 높인다. 그렇다. 위험하다. 위험하니깐 하면 안 된다. 이거 잘하면 오늘 일요일 작업이 취소될 수도 있겠는걸? 아싸 하며 냉큼 공구를 집어던지고 우리 팀 작업반장에게 전화했다. "여기 일 못 하게 생겼는데요. 우짜까요?"

땀을 뻘뻘 흘리며 우리 작업반장이 뛰어왔다. 우리 팀 작업반장이 난감해하며 하청 관리자에게 전화로 물어본다. 이러저러한데 어찌할까요? 그러나 전화기 너머의 하청 관리자는 무조건 오늘 안에 해야 한다고 답한다. 지는 출근도 안 했으면서 시키기는…. 하지만 우짜겠노. 물량팀이 안 쫓겨나려면 시킨 대로 해야지.

작업반장은 도장팀 작업반장에게 오늘 우리 작업이 맞다. 하청 회사에 확인했으니, 너희가 물러가라고 통보했다. 도장팀도 물량팀이다. 그들은 우리와 다른 하청 회사 소속이다. 도장팀 반장도 자기네 하청에 전화한다. 마찬가지다. 자기네도 오늘 안에 꼭 해야 한다는 것이다.

두 하청업체가 아니 두 하청업체의 재하청 인부들이, 물량을 맞추기 위해 오늘 이 자리에서 한 치도 물러설 수 없는 상황이 되었다. 한여름. 날은 무덥고, 뙤약볕에 일할 마음도 안 생기는데 서로 일하겠다고 이러고 있다니. 젠장, 일요일에 이게 뭐냐.

내가 보기엔 도장팀 작업반장이 다소 억지를 부리는 듯했다. 이 사람 막무가내다. 이 일 한 지 얼마 안 되는 사람인 것 같다. 뭔가 조리 있게 말하지 못하고, 그냥 목소리를 높이더니 욕설을 하기까지 한다. 피곤하다. 노가다판에서는 무조건 고함지르고 욕하면 되는 줄 아는 이들이 있다. 경력도 없이 책임자 자리에 앉은 이들일 가능성이 크다. 하청 사장이나 소장의 사촌이나 조카쯤 되는 이들일 수도 있다. 어쩌겠나. 어쩔 수 없이 함께 목소리를 높인다. 경험상 언성 높이는 놈들을 진정시킬 방법이란 같이 목청을 높이는 방법뿐이다. 오른뺨을 친다고 왼뺨도 내주면 다음번엔 턱주가리를 내놓아야 한다.

평소 같으면 원청의 관리자가 지나가다 이 꼴을 보거나, 상주하는 안전감독이라도 와서 이 모습에 제동을 걸었을 것이다. 하지만 마침 또 여름 휴가철이었다. 모두 다 휴가를 떠났다. 이런 상황을 조율할 원청관리자도 없고, 안전감독도 하나 없었다. 이런 뜨거운 날씨에, 휴가 기간에, 심지어 일요일이라니. 나 같아도 안 나오겠다. 안 그래도 요즘 조선소에 직영 노동자 보기가 하늘에서 별 따기인데 오늘 같은 휴일에 볼일이 당연히 없지.

"아. 몰라. 작업해." 잠시 동안 고민하던 작업반장이 뭔가 결심한 듯이 작업지시를 했다. 맞다. 순서상으로도 용접 등 화기작업火氣作業이 먼저고 도장은 그다음 작업이다. 작업반장 진두지휘 아래 작업이 재개되었다. 반장은 직접 산소절단기와 그라인더와 용접기로 불꽃놀이를 시작했다. 현란하다. 경력 15년 차의 불꽃놀이는 뭔가 스케일 자체가 다르다. 장마철 장대비와 같은 불비가 오픈 그레이팅을 관통하여 아래 칸으로 쏟아져 내리고, 도장 작업자들이 놀라 우루루 피신한다. 열 받은 도장팀 반장이 씩씩거리고 아래 칸에서 욕을 했지만, 불비는 계속 쏟아졌다. 그래 불 든 놈이랑 기름 든 놈 중에 누가 유리하겠냐. 혼비백산하는 도장팀 반장에게 내가 흐뭇한 미소를 보내 주었다.

삿대질에 욕을 해대던 도장팀 반장이 물러났다. 아, 이제 포기했나 보다. 뭐 어쩌겠나. 조용히 철수하겠지.

그런데 잠시 뒤 산소절단기에서 가스가 나오지 않는다. 아, 이 사람이 가스를 뽑았나? 하지만 다시 꽂으면 그만이다. 한숨 쉬면서 호스를 연결하러 갔더니, 아뿔싸. 가스 호스를 가위로 잘라 놓았다. 고압의 산소와 LPG가 선박 위에서 쉭쉭 소리를 내며 새어 나오고 있다. 위험천만이다. 이 시퀴, 미친 거 아녀?

'나는 호락호락하지 않다'는 도장팀 반장의 경고인 것이다. 우와 골 때린다.

잘린 호스는 연결대를 다시 가져와 고치면 된다. 하지만, 날은 덥고 공구실은 멀고, 일요일 오후에 어디 가서 또 연결대를 가져오겠냔 말이지. 공구실 문도 안 열릴 가능성이 크다. 게다가 무엇보다도 저자는 또라이다. 또 뭔 짓을 벌일까 걱정도 되고. 우리가 졌다. 인정해야 한다. You win!

도장팀이 다시 페인트칠을 시작했다.

다행히 사고는 나지 않았지만, 이렇게까지 하면서 일을 마쳐야 할까. 대형 조선소마다 그 안에 하청 회사가 각각 100여 개가 넘는다고 한다. 그 모든 업체가 이렇게 서로 조율되지 않는 자기 일을 한다면, 사고가 나지 않는 게 더 신기한 일일 것이다.

중대재해 사고들은 보통 휴일이나 연장근무 중에, 또는 휴일이나 명절을 앞뒤로 하여 많이 일어난다고 한다. 명절을 앞뒤로 밀린 작업량을 메꾸기 위해, 피로를 무릅쓰고, 위험을 감수하고, 작업의 조정이나 안전관리도 없이 일하는 상황에서 일어나는 것이다. 늘 작업 기일이 촉박하니, 늘 휴일 근무를 하고, 늘 명절 또는 휴가 기간에 후다닥 날램 작업을 하는 것이다. 동쪽 끝의 조선소나 서쪽 끝의 조선소나, 늘 바쁘다.

중대재해들은 대부분 하청노동자, 물량팀 노동자들에게서 발생한다. 대부분이 원청의 관리가 소홀한 탓이라 볼 수 있다. 웃기는 것은 원청이 관리를 너무 치밀히 할 수도 없다는 것이다. 왜냐면 원청이 작업을 직접 지휘하고 감독하면 하청은 바지사장일 뿐이고, 실지로는 원청을 진짜 사장으로 보기 때문이다. 아?

뭔 소리인고 하니, 조선소와 같은 제조업체에서는 파견노동자를 법적으로 쓸 수가 없다. 중간착취가 만연할 수 있기 때문이다. 파견은 특별한 지식과 기술을 가진 사람이 한시적으로 필요한 특별한 경우에, 전문회사에서 그러한 사람을 데려다 쓸 수 있도록 만든 법인데, 제조업과 같은 일반 업무에는 적용할 수가 없다. 그런데 많은 대기업들은 사내에 하청을 두고 공사의 일부를 '도급 위탁'하여 운영하는 듯이 꾸며 오고 있다. 이를 "도급으로 위장한 불법한 파견근로"라고 하는데, 불법한 파견근로로 인정되면 하청노동자들은 원래부터 원청의 소속이었다거나 원청에 고용의무가 있다는 것으로 판결을 받는 것이다.

바로 이 '도급'이냐 '파견'이냐의 판단기준에서 중요한 것 중 하나가 '작업의 구체적 지시를 누가 하느냐?'는 것이다. 일반적으로 원청이 직접 지휘하고 감독하면 '파견'이고, 하청이 모든 업무를 독립적으로 알아서 수행하면 '도급'이 된다.

여기서 딜레마가 생기는데, 원청이 꼼꼼히 구체적으로 지휘·감독을 하자 하니 파견법에 걸리거나 정상적인 도급이 아니라는 것이 들통나고, 원청이 지휘·감독을 게을리하자 하니 사건·사고가 끊이지 않는다는 것이다. 그래서 적당한 수준에서 큰 사고가 발생하지 않는 선에서만 원청이 관리하고 나머지는 하청에 알아서 하도록 맡겨 버린다. 다시 말하면, 원청이 정리하고 조율하고 지휘하고 감독하지 않으면 현장의 노동자가 죽어 가는데, 죽든 말든 그냥 놔두는 것이다. 꼼꼼히 관리하면 살릴 수 있는 사람들을 일하다가 조금씩은 죽으라고 그냥 버려두는 것이라는 말이다. 왜? 직영으로 고용하기 싫기 때문에.

노동부와 법원은 왜 이를 막지 않는 것인가? 사실 근로감독관이든 법원 판사든 일이 어떻게 돌아가는지 모른다. 관심도 없다. 그들의 관심은 매월 10일 꼬박꼬박 들어오는 월급뿐인 것은 아닐까? 뭐, 어때. 내 관심사도 그것뿐인데. 쩝.

2013년 설 연휴 이틀 전 대우조선에선 19세의 어린 견습생이 추락사했다. 2015년 7월 31일 여름 휴가가 시작되던 날 대우조선의 통근 버스가 추락하는 사고가 일어났다. 2017년 노동절에 근무 중이던 삼성중공업 하청노동자들 6명이 크레인 붕괴 사고로 사망했다. 2017년 8월 20일 일요일에는 STX조선에서 폭발 사고로 4명이 사망했다. 모두 하나같이 하청업체 소속의 노동자들이었고, 휴일이거나 휴일을 전후로 한 날이었으며, 원청의 직원들이 없었거나 원청의 관리·감독이 부족한 경우였다.

정기 안전교육을 한 번씩 듣는다. 여기서 안전교육관들은 휴일을 전후해서 조선소 근무자들의 사고가 많은 것에 대해, '그들의 정신상태가 해이해져 사고가 난다'는 식의 결론을 내린다. 그리고 입버릇처럼 '안전불감증' 탓이라 주장한다. 개인의 문제로 떠넘기는 것이다. 생산 능력을 초월하는 짧은 공기, 중층적 하청 구조, 도급으로 위장한 불법한 파견, 노동법의 사각지대에 있는 다수 노동자의 처지. 이것이 문제의 핵심이 아닐까?

휴일을 제대로 보장하고, 연장근무를 줄이고, 공사 기간을 넉넉히 두고, 원청이 작업을 직접 관리하였다면 과연 이런 사고가 그렇게 많이 일어났을까? 묻지 않을 수 없다.

자, 한 번 따져 보자. 어떤 누군가가 수십 년간 같은 공간에서 같은 실수를 거의 해마다 똑같이 반복한다면 그것은 실수인가 고의인가? 그리고 그로 인해 사람이 죽어 왔다면, 그것은 사고라 불러야 할까, 아니면 살인이라 불러야 할까?

어쨌든 나는 오늘도 살아서 퇴근했다. 다행이다.

3부

떼인 돈 받아내기

팽이

쓰러지지 말라고, 쓰러지지 말자며

온몸으로 채찍질 당하며

이 악물고 버텨내는

생의 한

점

땅 위에 뿌리내리지 못한 자들의 서글픈 곡예

떼인 돈 받아내기

택배영업소에서 퇴사하던 날, 소장님은 딱히 붙잡지도 퇴사 이유를 물어보지도 않으셨다. 그도 그럴만하다. 그 사이에 세 명이 일하러 왔다가 나가지 않았나. 굳이 말 안 해도 서로가 알고 있다.

"고생 많이 시켜서 미안하다"라고 하셨고 나 역시 "계속 못 해서 죄송합니다"라고 답했다. 영업소장님은 좋은 분이셨다.

다사다난한 반년 남짓의 택배기사 생활은 이렇게 정리되었다. 다음엔 사는 곳 인근 제조업 공단에 일하러 갈 계획이었다.

남은 월급은 다음 달 월급날에 들어왔다. 응? 근데 30만 원이 빈다. 다시 계산해 보아도 마찬가지. 월급 금액 자체가 많지 않아서 더 계산하고 말고 할 것도 없었다. 전화를 걸었다.

"소장님 잘 지내시고요?" 인사를 나누었다. 여기까진 분위기가 좋았다.

'30만 원이 모자라다, 어째서 그런 것이냐'고 물었는데 '그거 지난번에 자동차 사고 낸 거 보험료 할증분을 뺀 것’이라고 했다. 아니 그게 무슨 말씀이냐고 따졌다. 일을 시작할 때 가장 먼저 물어보고 나중에 거듭 확인까지 한 것이 ‘교통사고 처리’가 어떻게 되는가 하는 부분이었다. ‘택배기사로 일하다 보면 사고는 다반사이고 모두 보험 처리되니 그건 아무 걱정하지 말라’는 대답을 분명히 들었다.

소장께 구구절절 설명했다. 처음에 어쨌고 저쨌고. 하지만 소장은 뜻을 굽힐 의사가 전혀 없어 보였다. “야, 니가 받은 차가 BMW인데 그건 너무 하잖아.”

60층 럭셔리 아파트 주차장에서 후진하다가 BMW 한 대를 살짝, 정말 슬쩍 닿은 적이 있었다. 부딪히거나 받았다는 표현은 정말 억울하다. 살짝 닿은 것이다. 하필 신형이었다. 임시번호판을 붙인 그야말로 따끈따끈한 새 차. 그 차 보상을 하려니 보험금이 확 뛰어 버린 것이다.

잠깐 다른 이야기이지만, 자동차 보상체계에 나는 좀 의문이 있다. 왜 수억 원짜리 차와 사고가 나면 수억 원을 다 물어야 하는지 이해를 할 수가 없다. 살짝 긁히는 사고를 내도 수천만 원을 보상해야 한다. 내 중고차 값은 시세 150만 원. 상대가 내 차를 들이받아도 내가 낼 돈이 더 많다. 이게 뭔가. 도대체 없는 사람들은 도로에 어떻게 나서란 말이냐.

고급 외제차는 고급 외제도로를 만들어서 따로 다니

던지, 고급 외제차는 고급 외제주차장에 귀하게 대어 놓으셔야지. 왜 이놈 저놈 가난한 놈들이 다니는 길목 위에서 달리고 주차하고 그러느냐 이 말이다. 이거 무서워서 바깥세상 나가겠나. 살짝 실수로 부딪히면 한 가정이 파괴될 수도 있다. 이게 뭐냔 말이야.

여하튼 영업소장은 뜻을 굽힐 생각이 없는 것 같았다. 목소리가 냉랭하다. 사람 좋은 소장님은 이미 그 자리에 없었다.

나는 한때 노동상담소에서 일한 적이 있다. 가장 많이 했던 일이 임금을 체불한 회사에 직접 전화를 해서 체불임금을 요청하는 일이었다. 여러 번 하다 보니 기계적으로 입에 붙은 멘트가 있는데, 그 말을 오랜만에 읊게 되었다. 아마도 내 목소리 톤 또한 사무적으로 달라졌다고 느껴졌을지도 모르겠다.

"그럼 소장님, 이거 노동청에 진정을 넣겠습니다. 이거 어차피 주셔야 하는 겁니다. 주변에 노무사나 법률사무소 아시는 데 있으면 한 번 확인해 보셔도 좋습니다. 괜히 노동청 왔다 갔다 시간만 낭비하고, 서로 마음 상하고 꼭 그러셔야겠습니까? 저도 그거 피곤하고 그냥 잘 마무리되었으면 좋겠습니다."

50%. 회사에 전화해서 이렇게 말하면 그중 절반은 임금을 내어줬다. 그리고 나머지 50%는 "니가 뭔데 나를 협

박하느냐?”며 욕을 내뱉곤 했다. 소장님은 쉬운 길을 택하진 않으셨다. 코웃음 소리가 들렸다. “허허허, 그래 니 맘대로 해 봐라.”

되로 막을 것을 말로 갚는다는 이야기가 있다. 직원에게 월급을 제대로 주지 않는 경우 사장님들이 꼭 되새겨야 할 말이다. 가끔 직원이 밉다고 임금을 체불하는 형식으로 장난하는 경우도 있다. 굳이 그러고 싶다면 평소에 월급 계산은 제대로 했는지, 우리 회사에는 근로기준법의 최저근로조건을 안 지킨 것은 또 없는지 확인해야 한다.

호구가 수첩을 꺼냈다. 6개월간 출퇴근 시간을 기록한 수첩이다. 노트북을 연다. 엑셀 파일. 출근과 퇴근 시간을 한 칸 한 칸 채워 넣는다. 총 근무시간이 계산되었다. 그리고 식사시간을 제외하고 8시간을 초과한 근무시간을 계산한다. 총 연장근로시간이 계산되었다. 그다음 밤 10시 넘어 근무한 시간을 계산한다. 총 야간근로시간이 계산되었다. 총 근무시간과 연장 및 야간 할증 근무를 최저임금을 곱해서 계산한다. 그리고 그 금액에서 지금까지 받은 월급의 합을 제한다. 대략 100만 원이 훌쩍 넘는다. 그리고 주휴를 계산한다. 이리저리 합치니 180만 원 가량 된다.

한글 파일을 연다. 진정서. 한 줄 띄우고. 진정인. 피진정인. 주소와 연락처. 진정 내용.

체불임금 180만 원을 지급하라고 명령하여 주십시오. 근로계약서 작성 의무 위반으로 처벌하여 주십시오.

호구는 핸드폰도 꺼냈다. 녹음 파일을 찾는다. 노동부에서는 쓸 일이 없다. 그러나 영업소장이 법원에 손해배상 청구를 할 수 있다. 그러진 않을 것 같지만 확인을 해 둔다. "차량 사고가 나면 어찌 됩니까? …" 물어보고 답하는 내용이다. 혹시나 해서 두 번이나 묻고 답했다. 잘 녹음되어 있다.

회사는 직원의 실수로 손해 본 금액이 있다 하더라도 그것을 임의로 임금에서 제하고 줄 수 없다. 임금 지급의 4대 원칙 중 '전액을 지급하라'라는 항목에 어긋나기 때문이다. 영업소장이 손해를 본 금액을 따진다고 하더라도 노동부에서는 "그건 사장님이 민사소송을 통해 해결하시고, 월급은 일단 모두 주라"고 명령할 것이다. 사용자는 이 명령을 지키지 않으면 처벌받는다. 물론 이렇게 될 걸 미리 알고 녹음한 것은 아니다. 이런 걸 다 녹음을 해 두다니. 참 부지런한 호구다.

노동조합 교육에서 꼭 강조하던 내용이 있었다. '노동조합을 탈퇴하라'라는 이야기나 합법적 쟁의행위에 '참가

하지 말라’고 하는 것을 “부당노동행위”라고 하는데, 이것은 2년 이하의 징역 또는 2천만 원 이하의 벌금에 해당하는 범죄행위다. 근데 범죄행위를 처벌하려면 증거가 있어야 하는데, “내가 그리 말했소”라고 실토하는 관리자나 사장은 하나도 없다. 그러므로 관리자나 사장이 낌새가 이상할 때는 항상 녹음을 해 두어야 한다.

한국에서 나와 상대방의 이야기를 내가 몰래 녹음하는 것은 불법이 아니다. 다만 내가 없는 제삼자끼리의 이야기를 몰래 녹음하는 것은 불법이 된다. 그러므로 회사에서 나에게 불법적인 발언을 할 것 같으면 나 자신을 보호하기 위해 항상 대화를 녹음하시라고 늘 교육했다.

이것은 매우 중요한 내용이었다. 아직도 이 땅에서 노동조합은 불온한 테러리스트 집단 취급을 받고 있기 때문이다. 헌법이 보장한 노동삼권을 대놓고 부정하는 관리자와 사장이 수두룩했다. 조합원들에게 항상 강조한다. “이거요. 평소에 안 써 보다가 급하게 녹음하려면 긴장해서 실수하거나 상대방이 눈치채거든요? 평소에 친구·가족이랑 통화할 때 연습을 많이 하셔야 합니다. 녹취의 생활화. 자, 따라 외쳐 보세요. 녹취의 생활화!”

(그러나 상대방이 녹음을 분명히 거절하는데도 녹음하는 경우, 상대방을 속이거나 협박해서 녹음하는 경우, 녹음한 음성을 아무렇게나 대중에 공개하는 경우, 자기방어와

관계없는 상대방의 내밀한 사생활을 과도하게 수집하는 경우 등은 위법일 수 있다. 상식을 넘어서면 안 된다는 점에 주의하자.)

노동청 근로감독과 사무실 문을 들어서니, 근로감독관과 영업소장이 앉아 있었다. 역시나. 살짝 짜증이 났지만, 뭐 예상한 일이었고 크게 상관없었다.

범죄행위의 피해자와 피의자를 이리 처음부터 함께 앉혀 놓고 조사를 하는 것은 옳지 않다고 생각한다. 우선 각자 조사를 하고, 상호 간의 주장이 달라서 대질 조사를 통한 사실 확인이 필요하거나, 일정한 합의나 화해에 동의해서 마주 앉아 조정 과정을 거치는 것이 필요하다면 이렇게 동석하는 것이 맞다. 하지만 노동청에서는 전후 사정을 파악하기도 전에 무조건 동석시키는 경우가 많았다. 화해를 종용하기 위해서였다. 법적인 내용을 준수하도록 사용자를 지도 감독하기보다는 피해 금액을 적절히 조절해서는 적당히 합의금을 지급토록 하고, 신고를 취하시키는 것이다. 이렇게 조정과 합의를 많이 할수록 감독관은 더 많은 사건을 처리할 수 있고, 그만큼 기관 내부에서는 유능한 사람으로 인정받는 구조가 되어 버린 듯하다. 하지만 악질 사용자에 대한 처벌은 갈수록 희박한 일이 되어 버리고, 사회적으로 근로기준법 위반은 '처벌받지 않는 범죄'라는 인식이 굳어지게 된다. 왜 노동부는 자신의 수사 권한을 이리 우습게 만들어 버리고 그저 노사 간 조정기관으로만 남으려 하는 것일까. 그런저런 생각이 스친다.

자리에 앉았다. 근로감독관과 인사하고 영업소장과 인사를 했다. "잘 지내셨습니까? 이거 참 우짜다가 이래 뵙게 되었네요." 사실 안타까운 일이다. 그건 진심이었다. 영업소장은 미리 출석하여 근로감독관과 이미 많은 이야기를 나눈 것 같다. '네 맘대로 해 보라'라던 자신감은 사라진 듯 보였다. 나도 근로감독관과 이런저런 사실관계에 관해서 이야기했다. 나는 "진정서에 적힌 대로"라는 말을 꼬박꼬박 붙여서 답을 해 주었다. 가끔 진정서를 제대로 읽어 보지도 않고 신고인을 불러서는 진정서에 이미 다 담은 이야기들을 처음부터 끝까지 물어보는 근로감독관들이 있었다. 독수리 타법으로 한 시간이고 두 시간이고 조서를 꾸미다 보면 내가 신고인인지 피신고인인지, 월급을 떼인 사람인지 떼어먹은 사람인지 헷갈릴 때가 있다. 그래서 서류는 좀 읽어 보고 조사에 임하라는 에두른 압박인 셈이었다.

10여 분 정도 진정서에 다 적혀 있는 내용을 확인하던 감독관은 본론을 꺼내었다. "요구하신 체불임금, 물론 상세한 조사가 필요한 것입니다만, 180만 원이고, 그리고 근로계약서 미작성 등에 대해 처벌을 원하신다고 하셨는데, 체불임금과 처벌 모두를 다 원하시는 것 맞는지 궁금합니다.” 뭔가 조심스러운 목소리가 느껴진다. 안쓰럽다. 어찌 되었든 근로감독관의 역할이란 게 참 힘겨운 것 또한 사실이다.

바로 대답을 해 줬다. 이야기를 돌려 봐야 뭐하겠나. 돈 받으러 왔지 공무원 괴롭히려고 온 건 아니다.

“받지 못한 월급 30만 원. 그리고 여기 진정한다고 제가 오고 가는 경비에 일 못 한 것 계산해서 10만 원. 40만 원 주시면 취하하겠습니다.”

근로감독관의 표정이 밝아졌다. 영업소장도 뭔가 안도의 표정을 짓고 있다. 아마도 둘 사이에 이야기가 많이 오갔는가 보다. 영업소장도 어딘가 법률사무소 같은 곳에 문의해 보았겠지. 나도 원래 30만 원이면 취하하려고 했었다. 그런데 그런 식으로는 왠지 억울했다. 월급을 함부로 떼어먹으려 하다가는 더 큰 손해를 본다는 것을 확인시켜 주고 싶었다.

상황은 정리된 분위기였다. 잠시 영업소장과 근로감독관 사이의 화기애애한 대화가 이어졌다. 소장은 사무실로 전화하더니 “거기 양 기사 계좌번호 있지? 40만 원 빨리 입금해”라고 한다. 그리고 근로감독관은 내 맘이 변할라, 순식간에 취하요구서를 작성해서 사인을 요구했다.

아무 말 안 하고 사인을 해주었다.

기분이 좋지도 나쁘지도 않았다. ‘이기 뭐꼬, 이기 뭔 짓이고, 이래 살아야 하나…’ 그런 생각이 머리를 맴돌았다.

그러던 와중에 근로감독관이 나를 앞에 두고는 영업소장에게 굳이 불필요한 이야기를 한마디했다.

“그래, 근로기준법 다 지키면 회사가 제대로 돌아가겠습니까?”

그리곤 또 뭔가 둘만의 대화가 즐거이 계속 이어진다. 시종일관 조용히 앉아 있던 진정인 근로자가 스르르 일어나더니 발작을 시작한다.

“감독관님, 방금 뭐라 했소?”

약간의 소란이 일어났다. 난 자리에서 일어나 근로감독관에게 삿대질해대며 목청을 높였고, 영업소장님은 일어나 나를 말렸다. 감독관실의 모든 감독관과 민원인들이 놀라서 쳐다보고 있었다. 그러기를 잠시. 근로감독관의 사과를 받고, 영업소장에게 40만 원을 입금받고, 노동청을 빠져나왔다.

약국에 들러 우황청심원을 한 병 마셨다. ‘아이고, 이기 뭐꼬, 이기 뭔 짓이고, 이래 살아야 하나…’ 다시 한번 중얼거렸다.

또, 떼인 돈 받아내기

울산의 대형 조선소였다. 하루는 반장 형님이 일하다 말고 퇴근을 하자고 한다. 이제 오전 10시인데. 비라도 내리나? 하늘을 바라봐도 말짱하다. 좀 더운 날씨이긴 했지만 아무래도 명휴命休는 아닌 것 같다. 현장에 온 지 4주 차. 이제야 환경에 좀 적응되고 작업 내용이 눈에 들어오기 시작했는데, 설마 벌써 현장을 옮기는 것인가? 물량팀 일당공이 회사를 옮겨 다니는 게 아무리 일상다반사라 해도, 이건 좀 아니지 않나? 불안했다. 나는 자격증 시험을 본다고 상당한 기간을 쉬었기에 주머니 사정도 매우 좋지 못했다. 어서어서 통장에 잔고를 쌓아야 하는데. 아, 이거 왜 그러는 것이지?

"야, 작업 도구 다 넣어 두고, 다 나와라. 가자"

설명도 없다. 뭐야? 어딜 가자는 거야?

한편으로는 걱정이었지만 또 한편으로는 살짝 재미와 스릴도 느껴졌다. 지루한 일상에서 뭔가 옆길로 살짝 새어 나가는 것이다. 대장이 하자는데 뭔 일 있겠냔 말이지. 걱정 반 설렘 반으로 작업장을 나와서 인근의 어느 음식점에 모였다. 그리고 그곳에서 오늘의 작업 중단에 대한 설명을 들을 수 있었다.

그러니깐 일종의 파업 같은 것이었다. 하청업체에서 제공한 숙소가 문제였다. 배정받은 숙소는 회사에서 너무 멀고 낡은 곳이었다. 하청업체에서는 바로잡아 주겠다고 했지만 한 달이 가깝도록 진척이 없었다.

물량팀에게 숙소 문제는 생각보다 중요하고 예민한 문제다. 아무리 일터가 좋고 노임이 많아도, 돌아가서 쉴 공간이 제대로 갖추어지지 않으면 건강에 문제가 생기고 심리적으로도 불안해질 수 있다. 잠자리로의 역할도 중요하지만, 간단하게나마 식사를 할 수 있어야 한다. 무엇보다도 화장실과 목욕 시설이 부족하면 생활이 매우 곤란하다.

반장 형님은 그래도 이 바닥에서 제법 일을 했던 분이라, “나에게 이따위 숙소를 줄 수 있냐”며 화가 난 상태였다. 그래서 경고 차원에서 파업 같은 것을 감행한 것이었다.

“야, 오늘은 일찍 나왔으니, 막걸리나 한잔 먹고 내일 하루 푹 쉬자. 이틀만 지나면 다 해결된다. 내만 믿어라이.”

반장 형님의 확신에 찬 목소리에 마음이 놓였다. 반장 형님은 건설배관노동조합의 조합원이자 간부라고 했다. 정유시설이나 건설현장에서 주로 일하며 일이 없을 때는 조선소에서 일하기도 했다. 울산에는 반장처럼 건설업과 조선업을 오가며 일하는 배관공이 꽤 많았다. 비록 조선소 노동조합의 간부는 아니지만, 이런 일에 경험이 많아 보였다. 주 4일 노동을 꿈꾸는 나 같은 놈팡이야 이틀을 쉰다고 하니 그저 좋았다. 통장의 잔고가 좀 신경이 쓰였을 뿐.

하지만 이틀이면 된다고 하던 약속이 무색하게도 일주일이 지나도록 출근하라는 말이 들려오지 않았다. 처음 사흘 정도는 간만에 여유를 즐기느라 세상 행복했지만, 그다음부터는 즐거움보다는 불안감이 컸다. 아, 이거 곤란한데, 이거 곤란해 ….

그렇게 불안하던 차에 무단조퇴했던 사람들 모두가 해고되었다는 소식이 들려왔다. 하청업체의 사장이 "집단행동은 절대로 용서하지 않는다"라고 나라님들이 즐겨 하시는 그런 말을 했다고 한다. 아? 반장 형님. 어떻게 된 겁니까? 이게 아니잖아요.

답답하지만 뭐 어쩌랴. 우리 대장인데. 대장이 다른 곳에 또 일을 알아봐 줄 것이라고 믿고 기다려야 했다. 하지만 보통 이러다가 한 달 두 달 놀면서 시간 보내고, 그러다가 팀이 흩어져 버리는 경우도 많다. 마냥 안심이 되진 않았다.

그리고 다른 문제가 연이어 생겼다. 해고야 뭐 그렇

다 치더라도, 앞서 일한 날짜만큼의 급료는 제대로 나와야 할 것 아닌가. 월급날 통장을 보며 다시 또 한숨을 내쉬게 되었다. 하청 회사 사장이 우리가 밉다고 임금을 최저시급에 맞추어 계산해서 지급한 것이다. 일당으로 치면 5만 원 정도 되었다.

아니, 조선소에 일하는 사람 중에 일당 5만 원 받는 사람이 어디 있나? 어이가 없다. 당시 나의 일당은 14만 원이었다. 하지만 근로계약서를 작성하지 않았고, 아직 첫 달 월급도 들어온 바가 없으니 받기로 한 일당을 확인할 방법이 없었다. 하청 사장은 우리가 무척 괘씸했었나 보다. 아주 그냥 작정하고 괴롭힐 심산이었던 것 같다. 골치 아프게 되었다.

안타깝게도 내가 우리 반에서 근무일이 가장 많았고, 떼인 금액도 가장 컸다. 그리고 무엇보다도, 자격증 시험을 본다며 최근 한동안 놀고먹어 통장이 홀쭉했다. 난감한 상황이었다. 노동부에 진정을 넣어도 최소 한 달은 걸릴 텐데, 아이고 어떻게 해야 하나. 고민하던 차에 반장 형님이 내 어깨를 두드리며 한마디하셨다.

"걱정하지 마. 내가 한 번에 해결해 줄 테니."

고맙기는 했지만, 떼인 월급은 나도 해결할 수 있다. 아무래도 이쪽 경험은 내가 좀 더 많을 것 같기도 했다.

"아닙니다. 제가 월급 떼인 적이 제법 있어서 이런 거

직접 해결할 수 있습니다.” 반장 형님은 내가 노동상담 같은 일을 한 바 있다는 사실을 모른다. 일하면서 그런 걸 굳이 주위에 말한 적이 없었기 때문이다.

“에헤이. 행님만 믿어라. 내가 바로 해결해 줄게.”

반장 형님을 따라 다음날 어느 식당을 찾았다. 그곳에는 건설배관노동조합의 간부 한 분이 앉아 있으셨다.

노동조합에서 어떤 도움을 주려나? 나는 그 노동조합 소속이 아니었다. 그 노동조합은 건설업종의 노동조합으로 조선소 하청업체와 교섭을 진행하거나 단체협약을 체결하고 있진 않을 것 같았다. 딱히 사용자 측과의 협의나 협상 같은 것은 기대하기가 어려울 것 같았다. 방법이 아예 없진 않을 것이다. 우리 문제를 상급단체로 전달하고 상급단체에서 조선소가 소속된 산별노조인 금속노동조합과 상의를 한 후 금속노동조합이 사측과 협의나 협상 같은 것을 할 수도 있겠다는 생각이 들었다. 하지만 당시 일하던 조선소는 비정규직 노동자들의 투쟁을 정규직 노동조합이 방해하였다는 이유로 금속산별노동조합에서 징계를 받고 제명된 상황이었다.

그렇다면 아마도 노동조합에서 할 수 있는 것은, 체불임금을 노동부에 진정하는 법률적인 절차를 안내하거나, 전문가의 상담을 받을 수 있도록 연결해 주는 일 정도 아닐까 싶었다. 이런저런 고민을 하는데 우리 노동조합 간부께서 이리 물어보신다.

"○○○ 노무사님 압니까?"

"네? 잘 모르는데요?"

"나랑 엄청 친해요. 내가 소개해 드릴 수 있어요."

알고 보니 울산에는 무료 노동상담소가 있다고 한다. 그 상담소를 찾아가서 진정서 작성 등에 도움을 받는 것도 좋은 방법이다. 근데, 또 다른 이름이 나온다.

"○○○ 변호사님 압니까?"

"아. 잘 모르겠습니다."

"거기도 나랑 엄청 친해요."

변호사까지 선임하지는 않아도 될 일인 것 같은데. 아리송하다. 뭐 어쨌든 도움받을 만한 곳의 정보를 알아 둬서 나쁠 것은 없겠지. 그런데 우리 노동조합 간부께서는 울산 지역에서 본인의 인맥이 얼마나 넓은지를 굳이 식사시간 내내 설명하셨다. 어디 본부장과 얼마나 친한지, 어디 노조 위원장과도 얼마나 막역한 사이인지, 어디 정당의 국회의원과도 소통하고 있으며, 이곳 시의원 저곳 구의원들과도 격의 없이 지내는 참으로 훌륭한 분이셨다. 식사하는 내내 "이 사람을 모르시나요"라는 이산가족 찾기 멘트가 계속되었고, 더 이상 찾아볼 사람이 없을 무렵 헤어졌다.

뭐지? 저 사람? 뭔가 30분 정도 분명히 이 문제에 대해 열심히 대화를 나눈 것 같긴 한데, 아무 결론도 향후 대책도 조언도 없었다. 이건 뭘까? 이게 울산식 노동상담인가?

더더욱 놀라운 것은 우리 반장 형님의 태도였다. 저런 훌륭한 분과 인연을 가지고 있다는 사실이 썩 만족스러운 것일까. 얼굴에 만면의 미소를 품고, 나보고 이렇게 말한다. "어째 안심이 좀 되지?"

아? 뭐가 안심이 돼요? 저 아저씨 그냥 인맥 자랑만 늘어 놓고 돌아갔는데. 아? 그러고 보니 밥은 한 끼 사고 갔네. 그건 고맙네, 아이고.

하지만 불만을 표시하기엔 반장 형님께 또 너무 모진 일인 것 같았다. 반장 형님께 고마운 목소리로 답해 주었다.

"아…, 네. 형님, 나중에 큰 도움이 될 것 같습니다."

다음 날 시간 끌지 말고 노동부로 나서려고 했다. 체불임금 진정을 넣으면 처리 기간이 25일이다. 게다가 노동청에서는 한 번에서 두 번 정도 처리기한을 연기할 수도 있다. 근로감독관들은 처리해야 할 사건이 많아서인지 항상 처리기한 25일을 거의 다 채워서 정리하길 좋아했다. 사실 그사이 회사에서 돈을 지급하는 경우도 많으니 일부러 기다리는 경향도 있었다. 제대로 월급이 나와도 그달 일한 임금을 다음 달 말에나 받게 되니 가뜩이나 생활고가 눈앞인데, 다시 또 노동부에서 한 달을 기다리게 하면 어쩌나? 그러니 일찌감치 노동부에 가서 진정서를 제출해 놓고 다른 일자리를 서둘러 찾아 나서는 것이 좋다.

가끔 임금을 체불한 업주가 "일주일만 기다려 달라", "보름만 기다려 달라", "한 달만 기다려 달라"며 미루는 경우가 있다. 이럴 때 보통 진정을 제기하지 않고 무턱대고 기다리다가 시간만 허투루 보내는 사례들이 참 많다. 일단 노동부를 찾아 진정을 넣어 놓고, 보름이든 한 달이든 기다리면 된다. 돈을 받으면 바로 진정을 취하시키면 될 일이기 때문이다. 그러지 않고 굳이 기다리다 보면, 보름이 한 달이 되고, 한 달이 두 달이 되고, 두 달이 석 달이 된다. 월급생활자들을 그보다 더 지치게 만드는 일이 또 없다. 기다리면 안 된다. 일단 진정서를 넣어야 한다.

그런데 반장 형님이 전화를 주셨다. 이번엔 확실하다며 이분이 울산의 조선소 비정규직 노동조합에서 매우 유명한 분이시라고, 목소리에는 흥분감까지 묻어 있었다. 여기 전화를 하면 바로 해결될 것이라고 전화번호를 하나 보내 주셨다. 반장 형님이 미리 전화를 한 번 해서 설명해 두었으니, 나도 직접 전화를 넣어 보라는 것이다. 뭔

소리인지 아리송했지만, 일단 해 보았다. 뚜뚜. 신호가 가고 누군가의 목소리가 들려왔다. 짧은 인사말을 나누고, 전화한 경위에 관해 설명했다. 잠시간의 대화 뒤에, 아리송한 한마디가 들려온다.

"동지가 끝까지 이 문제에 대해 싸우겠다면, 저희도 끝까지 함께 하겠습니다."

'끝까지 싸우겠다면 함께 하겠다.' 어떤 의미일까? 무슨 말인지 아리송하다. 체불임금 200만 원을 받는데 뭘 끝까지 싸우자는 것인지 알 수 없다. 어디가 끝인가? 땅끝마을 해남인가. 지구의 끝인가? 은하계의 끝인가. 이해가 잘 되지 않는다. 나의 이해력은 안드로메다로 향해 가고 있다. 이건 뭔 의미일까?

신생 비정규직 노동조합의 운영자로서 어려움이야 많을 것이다. 그저 개인 민원만 해결하고 노동조합에는 등을 돌려 버리는 이들이 워낙 많으니, 일단 함께 노동조합을 운영할 수 있는 사람들 위주로 활동을 벌여 나가는 건 어쩌면 당연한 일일지도 모르겠다. 게다가 중대재해나 해고 사건과 같은 심각한 문제들이 쌓이고 넘쳤는데 고작 체불임금 사건에 신경을 쓸 상황이 아니었을 수도 있다.

하지만 그래도 여전히 이해가 되질 않는 '끝까지 싸울 것이냐'라는 질문에 어쨌든 답을 해 줘야 했다.

“아, 네. 선생님 전화 받아 주셔서 감사합니다. 제가 노동청에 진정부터 한 번 넣어 보고 잘 안되면 다시 한 번 전화 드리겠습니다. 신경 써 주셔서 고맙습니다.”

두 분의 노동조합 간부와 상담을 마치고, 노동청에 나설 준비를 했다. 홀쭉해진 통장이 점점 걱정스러웠다.

물론 좀 기다리면 해결될 가능성도 있다고 생각했다. 상담을 해 주신 분들이 비록 나에게 직접적으로 “해결해 주겠다”라고 약속을 하진 못했지만, 나름대로 여러 가지 방법으로 하청 회사에 압력을 넣을 수도 있지 않나. 다만 확실한 결과를 예상할 수 없으니 에둘러 이야기한 것일 수도 있다. 그렇게 생각하면 충분히 이해할 수 있는 것이다.

하지만 월급을 떼인 당사자가 가만히 앉아만 있는 것보다는 뭔가 할 일을 찾아 나서는 게 더 도움이 되지 않을까 싶다. 그래, 내가 할 수 있는 걸 하자.

같은 숙소에는 나이 60을 코앞에 두신 큰 형님 두 분이 있으셨다. 다른 업종에서 일하다가 여러 사정이 있어 늦은 나이에 조선소 생활을 시작하신 분들이셨다. 금액은 나보다 적었지만, 마찬가지로 월급을 떼이고 곤란해 하고 있었다. 나보다도 여러 급한 사정이 많은 분들이셨다. 가끔 함께 막걸리라도 한잔하는 저녁이면, 늘 나보고 부지런히 벌어서 단디 모아 두라고 신신당부를 하곤 하셨다. 내가 그리 없어 보이나? 내가 그렇게 놈팡이로 보였나? 그 이야기를 들으면 조금 무안하곤 했다. 그래, 사람들이 걱정하는 데는 다 이유가 있을 것이다. 잘 새겨듣고 나도 좀 모아 두자고 생각은 했지만, 솔직히 지금까지도 뭔가 잘 모아지진 않았다. 아무래도 놈팡이가 맞긴 맞는 것 같다.

두 분께 숙소에 이렇게 앉아 있으면 뭐 하냐고, 같이 노동청에 가서 진정서라도 넣고 오자고 설득했다. 두 분 다 흔쾌히 동의하셨다. 내 차에 같이 타고 노동청을 향해 출발했다.

노동청에는 임금체불 진정서를 작성해 주는 민원 창구가 별도로 마련되어 있었다. 세 명의 이름을 쓰고 체불임금 금액을 작성하고 제출하는 데 30분도 걸리지 않았다.

형님 두 분은 노동청에 처음 와 본다고 했다. "월급 처음 떼이셨습니까?"라고 놀라워서 물으니, "뭔 소리냐"며 "떼인 적이 수두룩하다"라고 답하신다. 수두룩하게 월급을 떼여도, 사장에게 전화 걸어서 내놓으라고 사정할 뿐 이렇게 관청에 와서 고발하는 건 처음이라는 것이다. 아고고.

대한민국의 행정공권력이란 것은 재수 없게 걸려들지 않도록 잘 피해 가야 할 대상이지, 나의 이익을 위해

활용할 수 있는 대상이 아니었다. 이분들에게 그리고 이 세대들에게는 말이다.

진정을 접수하고 노동청에서 나오는 길. 처리기한 25일을 한참 더 넘길 수도 있을 것이란 생각이 들었다. 무엇보다도 근로계약서를 작성치 않아서 일당을 얼마로 하기로 했는지에 대한 증명이 하나도 없는 상황 아닌가. 회사에서 모르쇠로 버티면 오래 걸릴 수도 있는 문제다. 아, 이거 참. 뭔가 다른 방법을 찾아야겠다는 생각이 들었다. 지난 십여 년간 조선 수주액 세계 1위를 계속 차지했다는 곳에서 근로계약서 한 장을 안 써서 곤란한 처지라니 이게 뭔가. 뭐가 세계 1위냔 말이다. 빌어먹을 차트 선진국 같으니.

큰 형님 두 분께 말했다.
"형님, 요기 옆 경찰서에 같이 들렀다 가입시다."
"경찰서는 와?"
"집회 신고를 넣어 보려구요."
"집회? 데모 말이가? 누가 하는데?"
"우리 3명이요."
"우리 3명?"
"네. 할지 안 할지는 오늘 밤에 찬찬히 생각해 봐도 되고요. 일단 신고라도 넣어 두면 사장이 좀 신경 쓰지 않겠습니까?”

설명을 길게 하진 않았다. 일단 경찰서 주차장에 차를 세워 두고, 잔뜩 긴장한 두 형님에게는 차에서 기다리시라고 말한 뒤, 나 혼자 경찰서로 걸어 들어갔다. 노동청에서 한 장 복사해 온 진정서 사본도 챙겼다.

경찰서 민원실로 들어갔다. 집회는 신고업무이고, 신고업무는 민원실에서 담당한다. 민원실에서는 신고서를 접수하여 해당 부서로 전달하면 될 일인데, 이상하게도 모든 경찰서에서는 집회신고를 굳이 ‘정보과’로 가서 하라고 안내를 한다. 뭐 민원실 업무가 바쁘고, 요즘 집회신고 중복으로 문제가 되는 일들이 많으니 이를 조율하고 조정하는 업무를 특정 부서에서 맡아 전담할 수도 있으리라 생각한다. 하지만 정보과로 가라는 진짜 이유는 집회에 대한 불필요한 정보를 캐내기 위함이라는 것에 문제가 있었다. 정보과에 가면 쓸데없이 장시간 앉혀 놓고는 불필요한 정보를 계속 물어본다. 주최자의 신상에 대한 정보, 참가자의 신상에 대한 정보, 집회의 진짜 이유, 집회를 지속할 기간. 그러한 것에 대해 끊임없이 ‘취조’를 시도하는 것이다.

민원 처리에 관한 법률에 따르면 국가기관은 민원인의 민원 제기를 가장 신속하고 단순한 방법으로 처리할 수 있도록 보장할 의무가 있다. 민원서류의 양식에 벗어난 과도한 자료나 정보를 요구하는 것은 불법이다. 접수된 양식에 맞지 않으면 보완하거나 반려하면 될 일이지, 과도하게 많은 정보를 달라고 요구하거나, 임의로 집회의 내용에 대해 검열하려는 것 또한 불법이다. 무엇보다도 집회는 신고 대상이다. 허가 대상이 아니다.

민원실에서는 역시나 본관 3층 정보계 사무실로 가 보라고 한다. 3층이라니 멀기도 하다. '왜 집회 신고를 민원실에서 받지 않느냐?'고 따져야 하겠지만, 군말 없이 3층 정보계로 갔다.

문을 열고 집회 신고를 내러 왔다 하니 한 명이 일어선다. 민원인용으로 마련해 둔 둥근 테이블에 앉아 집회 신고서를 작성했다.

집회의 개최자와 연락책임자에는 내 이름을 썼다. 집회 참가자는 10명. 집회 시간은 일출에서 일몰까지. 집회 기간은 한 달. 질서유지인으로 큰 형님 두 분의 이름을 올렸다. 집회 장소는 ○○중공업 정문 앞. 대회 명칭은 〈일당 5만 원 지급하는 ○○중공업과 악질 협력업체 △△기업 규탄대회〉였다.

집회신고서를 작성하고 있으니, 담당자 두 명이 둥근 테이블에 슬며시 앉았다.

"커피 한잔하시겠습니까?"라고 묻는다. 친절하다. 커

피 한잔 먹이고는 별 쓸데없는 질문을 해대겠지. 예전 같으면 집회 신고에 불필요한 정보를 요구하는 것은 불법이라고 따지며 "서류에 문제없으면 빨리 신고 확인증이나 끊어 주쇼"라고 말하겠지만, 오늘은 차근차근 집회의 경과에 관해 이야기해 주었다. 심지어, 신고서 작성에 불필요한 첨부서류로 노동청 진정서 사본까지 보여 주었다. 한 부 복사해도 되겠냐 해서 그러시라고 했다.

원청기업에 '당신네 하청 기업이 이런 짓을 벌이고 있는데 조치를 좀 하시라'라는 압박을 가하는 것이 이 집회의 목적이다. 경찰이 집회신고가 되었다고 해당 기업에 이를 알려야 할 법적 의무는 하나도 없다. 하지만 저들은 분명히 이 사실을 원청기업에 냉큼 알릴 것이다. 그것이 옳은 일이든 잘못된 일이든 오늘은 따지지 않기로 한다. 이 집회에 대한 소문이 원청에 빠르게 알려지면 우리야 그저 고마운 일 아닌가.

신고를 마쳤다. 시간이 꽤 오래 걸렸다. 차에서 기다리던 형님 두 분은 주차장 인근에서 담배를 피우고 있으셨다. 뭔가 수심이 가득한 얼굴이다.

모시고 숙소로 돌아왔다. 해고되는 탓에 회사 숙소를 내줘야 했고, 마련한 임시 거처는 이전 숙소보다도 형편없었다. 산 넘어 산이었다. 어허, 이거 참.

저녁 무렵 전화가 왔다. 체불임금을 지급했다는 것이다. '돈을 넣어 주겠다'가 아니라 "이미 돈을 넣었으니 확인하라"라는 전화였다. 나와 두 형님뿐 아니라 임금을 떼인 모두에게 다 들어갔다고 한다.

헐. 이렇게 빨리.

그리고 집회 신고를 어서 취소해 달라고 한다.

걱정한 것보단 빨리 끝났다. 형님들이 웃으며 서로 "저녁은 내가 사마" 하셨다.

잘 해결되어 좋긴 하지만, 역시나 씁쓸하다. 뭐가 잘 해결된 것이지? 당연히 받아야 할 돈을 당연히 받는데 왜 늘 이렇게까지 해야 하는 건가. 이게 뭔가.

조선소의 절반, 아니 2/3 이상이 하청노동 또는 비정규노동으로 굴러갔다. 법적으로 따지면 "도급으로 위장한 불법한 파견근로"라는 것인데, 수십 년간 굳어져 그냥 상식이 되어 버린 불법한 관행이다. 조선소 원청은 비정규 하청노동자들의 집단적 움직임에 대해 늘 신경을 곤두세우고 있었다. 자신들도 어쩌면 이미 알고 있는 것 아닐까? 이것이 사실은 불법한 도급계약이고, 직접고용해야 한다는 사실을. 대한민국의 위대한 사법 시스템이 대기업을 위해 오늘도 굳건히 든든히 버텨 주고 있지만, 부정한 사법 커넥션은 언젠간 무너질 것이다. 사필귀정. 눈

가리고 아웅하는 세상이 영원할 순 없다.

어쨌든 오늘도 대형 조선소 안에는 100여 개의 사내 하청업체가 있다. 불법한 도급계약을 갱신해야 하는 하청업체의 입장에서, 자신의 소속 노동자들이 집단적 움직임을 보인다는 사실은 원청과의 재계약에 큰 어려움을 줄 수 있다. 아마도 이 집회신고는 그걸 건드린 것이리라.

갑질들 함부로 하지 마시라, 당신도 어디선가에서는 을이지 않나.

우리도 다 알고 있다. 모두가 다 아는 사실이다.

길고양이도 세상을 뜨고

간밤에 별똥별이 지더니
그건 흉성이었던가
이웃 조선소에서 화재가 났다
하청 회사에 다니던 여성 노동자가 사망했고
연기를 마신 일곱 명이 병원에 실려 갔다

사측의 보도자료를 읊어대는 언론은
불이 나자마자
불은 한 시간 만에 진화되었다며
놀란 군중의 불안을 진화시키는데 바빴고

사망한 노동자가 남자인지 여자인지
무엇을 하던 사람이고
어떻게 죽어갔는지
가족은 몇이고
얼마의 일당을 벌려고
위험한 조선소에서 이리 일하게 되었는지
알려고 하지 않았고 알리려고도 하지 않았다

한 자루 초라도 들고
죽은 여성 노동자를 추모하러 나서야 할 텐데
언제나 그렇듯 생각뿐이고
몸은 따르지 않는다
아무도 행동하지 않으면 누군가 나서길 기다리고
누군가 나서면 굳이 나 따위가 필요하겠냐며

악마는 없고 합리화하는 인간이 있을 뿐이라고

간밤의 별똥별은 여러 개였나
오늘따라 퇴근길엔 길고양이마저 숨을 놓았고
땅에 묻어줄 용기도 의지도 없이
그저 혀만 끌끌 차며
숙소로 돌아오는 길

그러고 보니 여긴 내 집도 아니구나

정들면 고향

"고종시"라는 감이 있다. 지리산 자락에 있는 경남 산청 지역의 특산품이다. '고종 임금님에게 진상한 감'이라는 뜻이라 한다. 흔히 '떫감'이라 부르는 감의 종류로 '단감'과는 생김새가 약간 다르다. 도시 촌놈으로 자라 와서 곶감은 이런 떫감으로 만든다는 사실을 여기 와서야 깨치게 되었다.

고종시 외에도 대봉이나 단성감이 있다. 대봉은 홍시를 만들어 먹는 큰 감이다. 단성감은 산청 인근 '단성'이라는 지역에서 나는 감이라고 한다. 이 둘 또한 곶감이나 홍시가 되는 감이다. 처음엔 셋을 구별하기가 어려웠지만, 하루이틀 작업하고 나니 금방 알아보게 되었다.

감을 따는 방법도 저마다 조금씩 다르다. 이곳의 주력 품종인 고종시는 가지가 자라나는 방향으로 당겨야 하고, 단성감과 대봉은 가지가 뻗어 나온 반대 방향으로 꺾어 줘야 열매가 쉽게 분리된다. 고종시의 생김새는 울퉁불퉁 투박한 데 반해 단성감과 대봉은 굴곡 없이 매끈하다. 그리고 단성감과 대봉은 고종시보다 나무의 잎사귀가 얇고 가는 편이다. 처음엔 뭐가 뭔지 헷갈렸지만 조금 해보니 금방 '감'이 잡혔다.

늦가을 곶감 작업에 나섰다. 진주 인근엔 종종 농촌 일자리가 생기곤 하는데, 농번기의 반짝 시즌에는 나 같은 초보자들도 일할 기회가 있었다.

곶감 따는 일은 재미있었다. 흙과 나무와 함께 하루를 지내다 보니 머릿속이 맑아지는 느낌도 들었다. 하늘과 산의 경계를 바라보며 한 번의 식사 시간과 두 번의 간식 시간을 보내고 나면 어느새 퇴근 시간. 해가 뉘엿뉘엿 넘어가는 곳에서는 지리산의 정상이 보였다. 중봉, 천왕봉, 제석봉, 촛대봉이 순서대로 보이는 풍경이 근사한 동네였다. 퇴근 무렵 서산으로 넘어가는 해를 바라보다 보면 마음이 물결 없는 호수처럼 잠잠해지곤 했다.

물론 그렇다고 육체노동이 마냥 쉽고 즐거웠다는 말은 아니다. 맘과 달리 몸은 힘들었다. 과수원의 비탈길에 익숙하지 않으니 발바닥은 까져 물집이 터져 나오고, 곶감 박스를 나르다 보니 허리와 발목이 시큰거렸다. 동료 한 명은 사다리에서 세 번이나 떨어져 넘어졌다. 크게 다치진 않았지만 여기저기 까졌을 것이다. 또 다른 동료 하나는 비탈길에서 미끄러져 어깨를 다치기도 했다. 우습게 보다간 큰코다친다. 마냥 할만한 일이라면 가족, 친척, 친구들 불러서 하지 왜 일당 줘 가며 사람을 쓰겠는가?

보름 정도는 과수원에서 곶감을 수확했고, 다시 보름 정도는 작업장에서 곶감 가공 작업을 했다. 이 작업은 웬만한 공장 일보다 힘들었다. 주민들이 둥글게 둘러앉아 두런두런 이야기 나누며 작업하는 〈전원일기〉 드라마의 따듯한 풍경 따위는 기대하지 않는 것이 좋다. 곶감 깎는 기계를 고작 하루 돌려본 초보자인 나에게 하루 4500개의 곶감 물량을 못 맞춘다고 과수원 주인장께서 어찌나 타박하는지 곤욕을 봐야 했다. 1시간의 점심 시간과 오전 오후에 각각 10분씩 주어지는 휴식시간을 제외하고는 화장실 갈 틈도 없이 정확히 '6초에 한 개씩' 기계로 곶감을 깎아 주어야 했다. 농촌 일자리 우습게 보지 말라. 내가 가 본 웬만한 공장들보다 빡세었으니.

급료는 일당으로 받았다. 일당이 그날그날 바로 들어오는 게 참 좋았다. 그날 밤 바로 들어오는 일당은 힘겨운 하루를 잊게 하고 온몸의 근육통을 그럭저럭 견디게 만드는 효과가 있었다. 일당을 지급하는 젊은 소개업자가 부지런해서인지 매일 일을 다녀오면 그날 저녁에 즉시 입금되었다. 그게 괜히 기분이 좋았다. 오늘 노동의 대가를 오늘 바로 확인하니 내일의 근로 의지가 살짝 샘솟는 기분이랄까?

왜 우리나라 대다수 기업은 임금을 월급으로 지급할까? 갑자기 의문이 생겼다. 월급은 한 달에 딱 하루 기분이 좋지 않은가. 매일 이렇게 일당으로 지급하면 일하는 사람들이 매일 즐거울 수 있는데 왜 그리하지 않는 것일까 살짝 고민해 본다. 한 달에 최소 스무 번은 즐거울 수 있는 일을 한 번으로 줄인 셈이다. 왜 그렇지?

입장 바꿔 생각해 볼 수도 있겠다. 월급 주는 사람으로서는 피 같은 내 돈 내놓으려니 그게 스트레스일 수도 있겠다. 한 달에 한 번 스트레스 받는 것이 좋지, 한 달에 스무 번 스트레스를 받는 것은 가혹한 일이지 않은가. 안타깝다. 하지만 어쩌겠어. 이해는 된다.

근데 굳이 월급인 이유는 무엇일까. 격월에 줄 수도 있고, 계절에 한 번일 수도 있을 터인데 말이다. 그 이유는 법률상 이것이 최저기준이기 때문이라고 한다. 노동의 대가는 '매월 1회 이상, 정기적으로, 노동자에게 직접, 전액을, 통화로' 지급해야 한다. "임금 지급의 4대 원칙"이라고 부른단다. 이게 최저기준이다. 한 달에 두 번 주는 것은 무방하지만 두 달에 한 번 주는 것은 불법이다. 그래서 다들 월급으로 지급하는 것이다.

그런데 요즘 은행 업무나 회계 처리 같은 게 과거보다는 아주 쉬워지지 않았나. 기왕 주는 거 일급으로 주면 좋을 텐데 아쉽다. 너무 번거로우면 최소 주급으로 주시면 안 되나요? 급증하는 노동자들의 무기력과 우울증 예방에 매우 좋은 효과를 줄 것 같은데 말이지요.

일급제의 또 좋은 점은 돈을 떼일 공포가 적다는 것이다. 특히 조그만 회사, 예를 들어 여기 곶감 과수원 같은 곳에서 일급으로 주지 않고 월급으로 준다고 하면 일꾼들은 일하는 내내 불안할 것이다. '과수원 사장님이 월급 줄 돈은 있을까? 일은 과수원 사장님이 시키고 돈은 직업 소개업자가 주던데 중간에 잘못되어서 떼이는 것은 아닐까?' 하는 걱정이 들 수 있다. 그날 바로 주는 일당은 이런 불안을 줄여 준다.

그러면 감 수확 작업의 일당은 얼마일까? 농장주는 한국인에겐 일당 13만 원을 지불하고 외국인은 일당 12만 원을 지불했다. 아무래도 일당이 좀 적으니 대부분 외국 인력을 선호한다. 하지만 이곳 사장님은 굳이 한국 인력을 쓰셨다. 한국인이 일을 더 잘해서 그런 것인가? 소통이 원활하니 그런 점도 있겠지만 내 추측에는 산업재해 문제 때문이라 생각되었다.

일반적으로 모든 노동자는 산재보험에 가입하게 되어 있다. 다만 5인 미만의 농어업 일터에는 이것이 예외였다. 그런데 농어업 일자리도 예전과 달리 제법 공장노동으로 변모하였고, 그러다 보니 산업재해가 자꾸 발생하게 되었다. 한국인들이야 실손보험 등을 가입한 경우가 많아 다행이지만 외국인의 경우 문제가 커진다. 이에 노동부는 2023년부터 농촌 일터에서도 외국인 노동자를 고용하려면 무조건 산재보험 또는 농어업인 안전보험에 가입하도록 의무화하고 있다.

빠듯한 농촌 현실에서 농장주가 산재 보상금 물고 나면 그해 농사 소득은 없어지는 것이나 마찬가지일 것이니, 국가에서 운영하는 보험을 들어 놓으면 좋을 것이다. 그런데 농장주들께서 그보다도 더 쉬운 길을 찾으시려 하는 것이 또 문제다. 무허가 인력 소개소를 통해 일용직 한국인을 구하거나, 때 되면 나타나는 외국 인력 브로커들을 통해 미등록 상황인 듯 보이는 일군의 이주노동자를 '값싸게' 데려오는 경우가 많다. 관청에서 농촌 일자리 소개업을 무료로 진행하고 있는데도, 농장주들이 굳이 '당근' 사이트 같은 곳에서 무허가 알바 소개업자를 통해 인력을 제공받는 것은 이런 문제들이 얽혀 있기 때문이 아닐까 생각한다. 여기서도 무허가 알바 소개업자들은 매일의 일당에서 소개비 명목으로 1만 원 정도의 금액을 떼어 갔다.

하루는 이웃 농장의 농장주께서 건너오셨다. 이 동네 최대의 농번기에 잠시 이웃의 작업 현황을 둘러보러 오신 것이다. 우리 농장 주인장과 아주머니는 세상 좋은 분들이셨는데, 이웃 농장은 별로 그렇지 않은 듯했다. 이런저런 인사말 중에 그분이 이리 한마디하신다.

“근데 와 한국 사람들 쓰노? 베트콩들 천지인데 데려다 안 쓰고.”

곶감 분류기에서 분류된 곶감을 검사하고 상자에 담던 나는 기가 막혀 입을 다물 수가 없다. 이웃 농장주에게 한마디했다. “아니, 사장님. 베트콩이 뭡니까. 베트콩이⋯.”

아직도 일부 사람들에게 외국인 노동자란 일종의 전쟁포로이거나 노예무역 상품 같은 것으로 여겨지나 보다. 저임금은 당연하고, 가혹한 노동조건은 현실이며, 인격 비하의 호칭과 발언은 생활이다. 특히 40만 명에 이른다는 미등록 이주노동자 또는 불법체류자는 마치 노예선에서 탈출한 노예 또는 탈주 중인 전쟁포로로 여겨지는 듯하다. 이들에 대한 모욕적인 발언들은 아무렇지 않게 쏟아져 나온다.

이웃집 농장주는 웃으며 답한다. “괜찮다. 쟤들은 일 시켜 주는 것만 해도 좋아한다.”

외국인 노동자에게 극단적인 근로조건을 제공하는 사람들이 자신은 선행을 한다는 식으로 말하는 걸 종종 들을 수 있다. 그들에게 생존할 수 있는 일자리를 제공한다는 것은 큰 선행이지 결코 그들의 처지를 이용하여 노동을 착취하겠다는 목적으로 이루어진 일이 아니라는 것이다. 선행이 주목적이고, 착취는 부수적 효과일 뿐이다.

좋은 일도 하고 돈도 벌고 이 얼마나 좋은가. 중소기업의 사장님들과 농장주들 그리고 식당사장님과 모텔 사장님까지. 이주노동을 둘러싼 세상은 선행으로 가득하다.

제조업 현장에서 주당 60시간이 넘는 과잉 근로를 하게 할 때도, 휴일 없이 월화수목금금금 근무를 하게 할 때도, 한국인 관리자들 또한 이와 비슷한 이야기를 하곤 했다. "쟤들은 돈 벌어서 더 좋아한다."

가난한 나라에서 온 어려운 처지인 사람들에게 한 푼이라도 더 모으는 것은 생존의 필요이겠으나, 과연 모두가 같은 마음일까? 그런 식으로 관리자와 중소사업주, 상인, 농장주는 죄의식을 씻어 내고 있다. 이는 마치 신안섬 염전마을에서 발견된 염전 노예를 두고, 염전주나 이웃들이 내미는 변명과 흡사하다.

"니들이 뭘 몰라서 그래, 당사자는 이걸 좋아한다? 나에게 고마워하고 있어."

2024년 국가인권위원회 〈인권상황 실태조사〉에 눈에 띄는 내용이 있었다. 2018년에서 2023년까지 사망한 네팔 이주노동자 111명 중 28명이 자살하였다는 통계였다. 네팔에서 온 이주노동자 전체 사망자 중 1/4이 자살을 했단다. 도대체 무슨 일인가. 돈만 벌면 그저 좋아한다는 이들이 왜 자살을 하냔 말이다.

사장님! 나는,

출산의 고통으로 신음하는

내 아내를 버리고

자신의 심장을 쪼개서 온 사람이에요

삶이 이토록 어려운 시기가 도래해서

이제는 당신 기계의 족쇄를 차고

슈퍼 기계가 되어서 움직이고 있어요

그럼에도

땀을 흘린 대가로

왜 무시를 당해야 하나요?

내 자존심에

왜 상처를 받아야 하나요?

사장님!

이제 내 땀을 무시하지 마세요

이제 내 자존심에 상처를 주지 마세요

왜냐하면 나도 그렇잖아요

이 지구상에서

당신처럼 감각을 가진 사람이잖아요

네팔 출신 노동자들이 모여 시집을 펴냈다. 『여기는 기계의 도시란다』라는 책이다(뻐라짓 뽀무 외 34명 지음, 모헌 까르끼·이기주 옮김, 2020, 삶창). 이 시는 책에 수록

된 니르거라즈 라이Nirgraj Rai의 「슈퍼 기계의 한탄」 후반부다. "나도 당신처럼 감각을 가진 사람이다"라는 구절이 눈에 띈다. "이제 내 자존심에 상처를 주지 마세요"라고 직설적으로 표현하고 있다.

일만 시켜 주면 다 좋아하는 것이 아니라는 걸 네팔인들의 사망통계로 그리고 그들의 시에서 확인할 수 있다. 그리고 무엇보다도, 그러한 통계가 없고 그들의 시가 없다고 그걸 알 수 없나? 그렇진 않다고 본다. 이심전심以心傳心. 언어가 달라도 처지가 달라도, 느낄 수 있다. 그게 사람의 마음이란 것이다.

사장님, 누구도 그런 거 좋아하지 않습니다. 정신을 차리세요. 네? 너라면 좋아하겠냐고요.

상상해 본다. 어느 날 고향으로 돌아간 베트남 사람들 그리고 네팔 사람들이 지리산 자락의 고종시와 단성감과 대봉의 맛을 추억해 보는 그런 저녁을.

지리산 능선의 저녁노을을 떠올릴 때 그들도 나처럼 행복감을 느꼈으면 좋겠다. 비록 하루는 고되었지만, 그 저녁노을은 정말 근사했다고 기억하면 좋겠다. 그들이 일하던 곳이 지리산이 아니더라도 상관은 없다. 어느 도시 공단의 강변 노을과 어느 조선소의 바다 위 노을도 좋을 것이다.

더러는 이곳이 새로운 고향이 되는 이들도 있을 것이
다. 떨어져 나온 나무는 저마다 달라도 한 소쿠리 안에 놓
여 함께 익어가는 가을 곶감처럼, 베트남인도 네팔인도
함께 살며 정답게 익어가는 이웃사촌이 될 수도 있지 않
겠나. 어데 고향이 따로 있나. 정들어 살면 그곳이 고향인
것이다.

Stairway to Heaven

건설현장이나 조선소에 가면 작업을 위해서 임시로 높은 곳에 만들어 놓은 통로와 발판을 쉽게 볼 수 있는데, 이것을 "비계"飛階라고 한다. '날다' 또는 '높다'라는 뜻의 비飛, '섬돌' 또는 '계단'의 의미가 있는 계階의 합성어다. '하늘에 오르는 계단'이라는 뜻으로도 읽힌다. 근사한 이름이지 않은가. 이 이름을 그대로 영어로 옮기면 〈Stairway to Heaven〉이 된다. 거 있지 않나, 레드제플린이란 유명한 록 그룹이 부른 노래의 제목. 쌍둥이 기타를 연주하는 기타리스트와 늘 웃장을 까고 노래하는 보컬 형님의 8분짜리 노래.

하지만 아쉽게도 영어로 된 이름은 따로 있었다. 스캐폴드Scaffold. '비계'와 '발판'이라는 뜻이 있고, 발판이라는 데서 파생한 '교수대'라는 뜻도 있다. 그러고 보니 교수대와 Stairway to Heaven을 같은 의미로 볼 수도 있겠다. 서양인들과 동양인들의 언어엔 이리 비슷한 부분이 있다.

건설현장에서는 주로 비계라는 단어를 쓰는데 조선소에선 "족장"足場이라고 부르는 경우가 많다. 발을 붙이는 장소라는 뜻인데, 비계의 일본식 표현이 족장이고 그

일본어 발음은 "아시바"あしば다. 일반적으로 건설현장
에 일본식 용어가 많이 남아 있고, 조선업이나 제조업에
서는 일본식 용어가 대체로 사라지고 있는데 신기하게도
비계와 족장은 반대 상황이다.

집회에 좀 참여해 본 사람들이면 아시바라는 용어가
익숙할 것이다. 그렇다. 데모할 때 무대를 설치하던 네모
난 조립식 가설 발판. 그것도 비계다. 정확하게는 '이동식
비계'라고 부른다.

비계를 전문적으로 설치하는 사람을 비계공이라고
한다. 아마도 지금까지 유지되는 가장 오래된 직업 중 하
나가 비계공이 아닐까 하고 생각해 본다. 왜냐하면 비계
공의 역사는 인류의 역사만큼 길 것이기 때문이다. 피라
미드를 지을 때도 비계가 있어야 석공들이 위로 올라가
작업을 하고 자재를 들어 올릴 수 있었을 것이다. 만리장
성을 세울 때도, 거북선을 건조하던 때에도 그 작업이 완
성되기 전까지는 여러 비계공이 함께해 왔을 것이다. 대
성당의 천장 벽화를 그리던 다빈치와 미켈란젤로 또한
비계 위에 누워서 그림을 그렸다고 한다. 천지天地의 창조
創造엔 아마도 비계공의 노동이 필요했을 것이다.

건설현장에서 가장 단순한 노동이 무엇일까? 나는
비계 작업을 먼저 떠올린다. 직선을 모아 구현하는 다양

한 3차원의 세계. 단순함의 미학을 구현하자면, 비계가 가장 적절한 표현 방법이지 않을까 싶다.

비계는 점·선·면으로 구성된다. 가장 흔하게 사용되는 강관steel pipe 비계로 예를 들어 보자. 강관이란 금속 재질로 된 지름 50mm의 긴 파이프다. 이 파이프로 공간의 기둥을 만들어 준다. 그다음, 이 기둥과 기둥을 가로와 세로로 연결해 주는 장비가 있다. 클램프clamp라고 한다. 이 클램프라는 연결점에서 파이프라는 선은 서로 만난다. 이제 가로와 세로 그리고 수직으로 연결된 선 위에 발판이라는 면을 놓아 주면 하늘 위의 길이 만들어지는 것이다.

그리고 대각선 지지대나 벽면 지지대 등으로 보강을 하면 안전한 하늘길이 완성된다. 매우 간단하고 깔끔한 작업이다.

재료도 간단하다. 필요한 자재는 강관 파이프, 연결 클램프, 발판. 이렇게 세 개뿐이다. 필요한 작업 도구도 클램프를 연결하거나 굵은 철사를 매듭 해 줄 라쳇 스패너와 커터기면 충분하다. 물론 더 빠르고 쉬운 작업을 위해 전동 기구 하나쯤 같이 가지고 다니기도 한다. 어쨌든 다른 어떤 작업보다도 필요한 공구의 가짓수가 적다. 배관 작업의 경우 작업 장소를 옮길 때마다 거의 이삿짐을 나르는 수준인 것을 고려하면, 이건 맨손으로 작업한다고 봐도 무방하다. 정말이지 간결함의 극치를 보여주는 노동인 것이다.

이제 이 3종의 자재와 3종의 공구를 가지고 3인 이상으로 구성된 작업자들이 하늘에 길을 내기 시작한다. 가로와 세로의 선을 클램프로 연결해서 틀과 기둥을 만들고 그 위에 발판을 놓는다. 한 층 두 층 세 층 차례로 올라간다. 두 명의 작업자가 파이프를 양쪽에서 연결하고, 나 같은 보조공은 이들이 필요로 하는 파이프나 발판 그리고 클램프를 순서대로 제공한다. 이렇게 허공에 계단이, 발판이, 난간이 만들어진다.

비계 업무는 단순한 일을 좋아하는 사람 그리고 약간의 강박성향이 있는 사람에게 좋지 않을까 싶다. 내가 살짝 그런 부류이지 않을까 생각하기도 한다. 가로세로 줄을 맞추길 즐기는 사람. 반듯하게 쌓아 올린 것에 마음이 편안하고, 흐트러진 것에 괜히 불쾌감을 느끼는 사람에게 심리적 안정감을 주는 일이다.

한 가지 단점이 있다면, 음…. 좀 무섭고 위험하다는 것? 안타깝게도 비계는 1층짜리가 없다. 그리고 나는 높은 곳은 질색이다.

"더 빨리, 더 높이, 더 멀리"라는 구호가 있다. 올림픽 경기의 창시자 피에르 쿠베르탱이 제안한 올림픽 표어라고 한다. 난 그 구호가 그다지 유쾌하지가 않다. 살벌한 경쟁사회의 생존 구호 같다는 느낌을 지울 수 없다.

일찍이 법정 스님 또한 이 표어에 심한 저항감이 느껴진다고 말씀하신 적이 있다. 이 올림픽 표어는 병든 현대사회를 보여주는 대표적인 문구라는 것이다. 특히 경쟁 사회가 요구하는 속도 지향에 대해 크게 불쾌함을 느끼신다고 했다. 법정 스님은 말씀하신다. "도대체 우리가 무엇 때문에 그렇게 빠르게, 더 빠르게 살아야 하는 것입니까?"

안타깝게도 이 경쟁 사회의 대표 구호는 우리의 노동 현장에 일찌감치 깊숙이 영향을 미치고 있다. 비계공의 현장이 특히 그렇다.

실력 있는 비계 팀이 되기 위해 우선 필요한 것은 미친 속도를 보여주는 것이다. 속도는 곧 돈이다. 건설현장에서 시멘트값, 철근값, 페인트값을 쏙쏙 빼먹던 시대는 지났다. 빼먹을 것은 인건비뿐. 미친 듯이 비계를 쌓아 올리고, 무서운 속도로 쌓은 비계를 해체하도록 다그친다. 특히 비계 해체 작업을 하는 경우엔 이것이 해체 작업인지 폭파 작업인지 헷갈리는 경우가 많다. 날리는 먼지, 그냥 아래로 내던져지는 자재들, 굉음과 고함소리. 간간이 들리는 욕설. 무시무시하다는 생각마저 든다.

대한민국의 일터에서 사고로 사망하는 사람의 절반이 건설현장에서 생겨나며, 대부분이 추락 사고로 사망한다고 한다. 추락 사고 대부분은 비계를 작업하던 비계 공들과 비계공은 아니지만 비계를 통해 이동하거나 이 위에서 작업하던 사람들에게서 발생할 것이다. 2024년 3월에 발표된 대한산업안전협회의 조사 자료에 따르면, 2023년 한 해 동안 산재사고 사망자는 598명이었는데(중 대재해처벌법 이후 처음으로 산재사고 사망자는 500명대 로 떨어졌다), 업종별로 보면 건설 노동자가 303명이었 고, 유형별로는 떨어져서 사망한 사고가 251건, 물체에 맞거나 깔려서 사망한 사고가 각각 67건과 43건이었다.

거의 매일 누군가 비계에서 떨어지거나, 비계에서 떨 어진 물건에 맞거나, 깔려서 죽어 가고 있는 것이다. 이 단순하고도 간결한 작업의 과정에서, 또는 이 작업대 위 에서. 매일.

챗GPT 말고도 인공지능이 많이 탄생했다. 이번엔 다 른 이름의 인공지능에게 또 한 번 물어보았다.

"피라미드를 만들던 시대랑, 만리장성을 쌓던 시대 랑, 현재 시대 중에 어느 때의 비계공이 가장 위험했을지 이야기해 달라"라고 말을 건넸다.

인공지능이 대답했다. "흥미로운 질문이군요!"

어라? 기계가 사람의 질문에 흥미롭다니, 흥미롭지 않을 수가 없다. 어쨌든 인공지능은 답했다.

“현대적인 안전장치가 없으니 고대의 작업장이 더 위험했을 거예요”라는 대답이었다. 똑똑하구나, 역시. 하지만 뭔가 독특하고 참신한 답변을 기대했는데 그냥 간결하고 똑 부러진 대답이어서 아쉽다. 어쨌든 훌륭하다.

하지만 현실은 어떠한가? 우리의 작업장은 과연 현대적 안전장치가 있으니 덜 위험할까. 그건 한 번 생각해 볼 여지가 있지 않을까 싶다. 분명히 안전장치도, 안전한 작업 방식도 많이 개발되었다. 하지만 많은 노동자가 이 현대적인 안전장치를 스스로 사용치 아니하고, 안전하지 않은 방식으로 작업하는 경우가 허다하지 않은가? 이유가 무엇일까? 간단하다. 그럴 만한 마음의 여유가 없는 것이다.

빨리빨리 해치워야 하는 극한 경쟁 속에서, 더 유능한 물량팀이 되기 위해서, 다음번 공사를 또 추가 계약하기 위해서, 작업자 스스로 안전장치를 해제하고 더 빠른 작업을 하도록 스스로 재촉하는 것이다. 실지로 사고는 보통 하청업체와 재하청업체에서 일어나는데 대부분 스스로 안전장치를 해제한 경우들, 스스로 안전하지 않은 작업 방식을 따른 경우들인 것을 우린 늘 목격하고 있다.

앞으로 인공지능이 좀 더 똑똑해진다면 아마도 이런 추가 답변을 내놓지 않을까 추측해 본다.

“현대적인 안전장치가 많아졌으니 고대의 작업장이

더 위험했을 거예요. 그러나, 그 안전장치의 성장만큼 안전 수준이 오르진 않았죠. 현대의 작업장은 안전장치를 걷어 내는 보이지 않는 악마가 존재하는데, 경쟁과 이윤 논리가 그것인 것 같아요."

그리고 (그냥 나의 희망인데) 인공지능이 그보다 좀 더 똑똑해지면 이런 대답을 첨가해 주면 좋겠다. "인간이 걸어온 역사의 진보를 보면, 아마 그 악마는 머지않아 퇴치될 거에요." "우리와 달리 인간의 삶은 유한하잖아요. 천국으로 가는 계단은 천천히 밟을수록 좋지 않겠어요?"

내도 좀 비끼도

휴식시간. 물량팀 동료들이 흡연공간으로 삼삼오오 모여서 웅성웅성 뭔가 이야기를 나누고 있었다. 내용인즉, 조선소 일당직도 퇴직금을 주냐 안 주냐 하는 문제로 옥신각신 중인 것이다.

보통 물량팀은 6개월에서 1년 사이에 일을 마치고 다른 곳으로 옮겨 가곤 했다. 당시만 해도 물량팀이 1년 넘게 같은 하청업체에서 계속 일하는 경우는 많이 없었다. 아마도 퇴직금 부담 때문인 것 같다. 웬만해선 1년을 넘기지 않는 게 다반사였다. 근데 분위기를 보아 하니 이번에는 1년을 넘길 수도 있을 것 같았다. 배의 완성이 얼마 안 남아서, 하청업체가 다른 물량 작업팀을 끌어다 붙이기는 애매한 시점이었던 것이다. 그러니 자연스레 퇴직금을 주느냐 안 주느냐는 것이 관심사가 되었다.

퇴직금을 준다는 패와 주지 않는다는 패로 의견이 나뉘었다. 1년 이상 근무하면 당연히 퇴직금을 줘야지, 세계 제일 조선 강국의 이 큰 조선소에서 그것도 안 지켜서야 될 노릇인가. 나는 당연히 지급할 것으로 생각했다.

하지만 이야기의 흐름은 다른 방향으로 흘러가고 있

었다. "어찌 되었든 1년을 넘겨도 퇴직금은 못 받는다"라는 의견이 우세해지고 있었던 것이다.

"물량팀은 정해진 물량을 하나씩 처리해 주고 공사 대금 형식으로 받는 건데 퇴직금이 어디 있냐"는 의견이 1번.

"일용직은 매일매일 입사하고 퇴사하는 사람들이라 1년을 일해도 1년이 인정 안 된다"라는 의견이 2번이었다.

논리가 둘 다 그럴싸했다. 매일 입사하고 퇴사라. 출근과 퇴근이 아니었단 말이지? 신박한 논리다.

"그거 내가 좀 아는데 말이지 …" 답답하다 못해 한마디 끼어 보려 했다. 내가 노동상담 같은 일들을 좀 했었다는 사실을 동료들은 알지 못했다. 말한 적이 없다. 이런 문제에 대해 평소엔 나서서 알은체를 하지 않았지만, 이 상하게도 오늘은 괜히 뭔가 의견을 보태고 싶었다. 근데 나도 뭐라 한마디 보태 보려고 나서는 찰나, 같이 일하는 동생이 내 말을 자르고 바로 끼어들었다.

"그거 못 받습니다. 내 우리 와이프한테 물어봤는데, 안 된다 카더라." 동생의 부인은 한때 조선 하청업체 경리 직을 맡은 경력자였다. 급격히 못 받는다는 쪽으로 의견이 기울어졌다.

"나도 옛날에 사무실에서 월급 계산 같은 거 좀 했는데 말이지 …" 답답해서 또 한마디 끼어 보려 했다. 하지만 이번에는 전직이 택배 운송이셨던 형님 한 분이 말을 채어 갔다.

"아이다. 대한민국 법에 1년 이상 일하면 다 퇴직금 주게 돼 있다. 야, 콩만 한 가게에서 일해도 다 주는데 무슨 소리고. 받을 수 있다."

오옷, 이 형님 뭣 좀 아신다. 그래, 오랜 삶의 이력이란 게 있다. 다양한 노동의 경력에서 오는 경험치를 무시할 수 있나.

근데 여전히 사람들은 진짜인가 의구심에 찬 눈빛이다. 나도 한마디하고 싶다.

"나도 예전에…" 하며 한마디하려는데, 또 다른 형님이 끼어들었다. 전직 사무직이었던 괴짜 형님이었다.

"하아, 다들 잘 모르네. 법적으로 물량팀은 안 된다고 딱 되어 있어요."

한쪽 팔을 핸드레일(선박의 난간 손잡이)에 걸치고 그야말로 거만한 자세로 비웃고 있었다. 껄껄껄 하면서 매우 한심하다는 표정으로 담배까지 피워 물고 있다. 도대체 어느 법에 그리 적혀 있는 것이지? 그리고 저 확신에 찬 표정은 무엇일까.

이 말에 용기를 얻은 것인지 여기저기 추가 제보가 들어온다. '친구가 노무사인데 안 된다고 하더라, 친척이 변호사인데 안 된다고 하더라, 사돈의 팔촌이 대기업 총

무과인데 안 된다고 하더라.' 아니, 도대체 이 잘못된 정보는 어디서 출발해서 어디로 퍼져나가고 있는 것인지 알 수가 없다. 그리고 다들 뭔 인맥이 이리 넓은 거냐. 이쯤 되면 한마디해 봐야 이젠 소용도 없겠다 싶다. 하지만 잠시 후에 조용해진 틈을 타서 기어이 나도 한마디했다.

"아…, 나는 되는 것으로 아는데. 퇴직금은 1년 지나면 다 주는 거지." 하지만 내 말을 들어 주는 이는 없는 것 같았다. 괴짜 형님이 비웃었다.

"하아, 글마 그거 못 받는다 카이."

"행님, 머라카노? 받습니다." 나도 지지 않고 우겼다.

내가 그 형님보다 배관공 짬밥이 조금 더 길었다. 나도 초보 배관사였지만, 그 형님은 나보다 더 왕초보 배관사였다. 작업하다가 늘 도면을 들고 쫓아와선 이것저것 물어보곤 했다. 그럼 내가, "서포트랑 엘보는 아시죠? 그 옆에 이건 스토퍼이고 이건 가이드, 이건 슈라고 하는 건데요, 파이프를 지지하는 부품들입니다"라고 설명하고 작업을 일러주곤 했다. 아무래도 내 말이 사람들에게 좀 더 신뢰를 주지 않을까 생각했다. 하지만 뭐냐? 저 형님의 저 자신 있는 태도는? 급기야 이런 말을 한마디 덧붙이기까지 한다.

"내 말 맞다. 내 말 믿어라. 내 4년제 나왔다."

얼씨구? 어이가 없다. 학력 자랑하는 꼴이 이렇게 재

수가 없는 것이구나. 오늘 처음 느껴 본다. 그거랑 이거랑 뭔 상관인데? 열 받는다. 나도 그냥 질 수 없다.

"머라카노? 행님이 무슨 4년제고? 고등학교 4년 댕겼 겠지."

주위에서 손뼉을 치며 키득키득 즐거워했다.

대화와 소통 그리고 토론은 사실 경쟁 사회에서 바라보기에 참으로 비능률적인 과정이 아닐 수 없다. 그냥 우월한 정신을 가진 누군가의 판단에 모두 맡기는 것이 가장 좋다. 생각은 수뇌가 한다. 민중들은 수뇌의 아량과 도덕적 우월함과 능력을 믿고 신심을 다해 이에 따르면 되는 것이다. 왕정국가나 종교국가에서나 통할 만한 이야기인 것 같지만, 둘러보면 우리 사회가 이런 믿음이 뿌리내린 바로 그곳이란 것을 쉽게 느낄 수 있다.

서열에 대한 맹신. 신앙처럼 강고한 이 믿음이 온 사회를 지배하고 있다. 누가 이야기하든 어떠한 주제이든, 결론은 이렇게 정리되는 것이 다반사다. 서열의 윗자리를 차지한 누군가가 "내가 너보다 똑똑해. 내가 너보다 높아. 네까짓 게 뭘 알아?"라고 정리해 주는 것이다.

이 서열제도의 핵심엔 학력 그리고 여러 형태의 시험 제도가 자리 잡고 있는 듯하다. 재력이나 혈통 같은 것만으로는 서열제도가 유지되기 어려울 것이다. 노력과 자기희생을 바탕으로 만들어진 것이라는 환상이 있어야 이 시스템은 더 강고하게 유지되는 법이다. 그리하여 서열은 정당한 것이 되고, 그를 바탕으로 한 불평등과 여러 부정한 일들 또한 정당한 것으로 포장될 수 있다.

그렇게 시험제도를 바탕으로 한 서열주의는 대의정치나 여론 형성의 과정도 왜곡시킨다. 의원들은 시민들과 정책 방향을 놓고 대화하고 소통하고 토론하지 않는다. 의원들에게 선거란 '공천과 투표 행위'라는 1차와 2차로 나누어진 시험 과정일 뿐이고 그 시험을 통과하면 그들에게는 국민 위에 군림할 자격이 주어지는 것으로 믿는 것 같다. 그리고 사회 여론은 '언론고시'라 불리는 선발제도를 통과한 일군의 엘리트들이 만들어 내는 것이다. 민심이란 시험을 통과한 기자님들이 취사 선택하는 대상일 뿐이다.

이것이 상층 엘리트의 세계로부터 조선소의 갑판 위까지를 지배하는 대화와 소통의 현실이 아닌가 싶다. 설득력 같은 게 중요한 것이 아니다. 내가 얼마나 똑똑한 사람인가를 증명하는 것이 가장 강한 설득 장치인 것이다.

어쨌든 대화의 주도권은 이미 4년제에게 넘어간 것 같다. 아무도 내 말엔 관심을 두지 않았다. 모두의 눈은 4년제에게 쏠려 있다.

아. 이놈의 영감쟁이를 그냥 뱃머리에서 확 밀어 버

릴까?

그나저나 여러분.
내도 쫌 안다.
내도 좀 비끼도.
(서울말로 풀이: 나도 좀 끼워 주세요.)

아난다여 물을 다오

"아난다여, 물을 다오."

스승께서 말씀하셨다. 그러나 제자는 스승께 흙탕물을 떠다 드릴 수가 없었다.

"세존이시여, 방금 500대의 마차가 건너면서 강바닥을 휘저어 놓았기 때문에 물이 아주 흐립니다. 조금만 가면 맑은 물을 드실 수 있습니다."

조금 지나자 목이 탄 여래가 다시 말했다.

"아난다여, 물을 다오."

아난다가 다시 말했다.

"세존이시여, 조금만 더 가면 물이 맑은 카쿳타강이 있습니다. 마실 물은 거기에 가서 떠 드리겠습니다."

목이 탄 여래가 얼마 후 다시 말했다.

"아난다여, 물을 다오."

강물이 흐리다고 세 번이나 말씀드렸지만 부처님이 같은 분부를 되풀이 하므로 아난다는 물을 뜨러 갈 수밖에 없었다. 그런데 바로 조금 전까지도 흐려 있던 강물이 맑게 가라앉았으니, 부처님의 신통력이라 생각하며 물을 떠다 드렸다.

늦은 밤 응급실에 누운 나는 설사라는 것에는 (복통도 문제이겠으나) 심한 탈수로 인해 목이 타들어 가는 고통 또한 따른다는 것을 처음 알게 되었다. 목이 타던 와중에 석가모니의 이야기가 생각이 난 것이다. 여래의 갈증에 공감하는 새벽. 나도 간호사께 물을 좀 마셔도 되냐고 두 번 물었고 두 번 거절당했다. 물을 마시면 구토와 설사로 이어질 수 있으니 마실 수가 없는 것이었다. 하지만 한 번 더, 세 번째로 말해 보았다.

"물 좀 마시면 안 될까요? 목이 너무 탑니다." 간호사께서는 어딘가 전화를 하더니, 드디어 물을 허락하셨다. 다행히 물을 마시고도 토해 버리거나 설사로 이어지진 않았다.

8월 첫 주 목요일. 너무 더웠다. 덥지 않은 여름이 어디 있으며, 조선소에 땀 안 나는 계절이 어딨겠냐고 생각했지만 이건 좀 심하다 싶었다. 그저 서 있기만 해도 괴롭다. 햇볕 아래 1분만 서 있어도 머릿속은 하얘지고 아무 생각이 나지 않았다. 옆에 사람이 있으면 쪼그려 앉아 그의 그늘에라도 숨어들고 싶어지는 날이었다.

인간의 체온은 36.5도인데 피부의 적정온도는 31도라고 한다. 피부의 온도가 좀 더 낮은 상태에서 유지되어야 정상적으로 열을 흡수하거나 내보내서 체온을 조절할 수 있다. 그런데 여름철 직사광선을 받으면 15분만 지나도 피부 온도가 40도가 된다고 한다. 그리되면 체온을 조절할 수 없다. 죽을 수도 있는 것이다. 여름 뙤약볕은 그만큼 무섭다.

해가림막이라도 설치하고 일하면 좋겠는데, 최근 작업 특성상 장소를 계속 이동해야 했다. 그러다 보니 가림막을 설치할 시간적 여유가 없었다. 용접사들이야 한곳에서 계속 일하겠지만, 배관은 그렇지 않다. 마무리 작업 시엔 특히 더 여기저기 이동이 많다. 주택의 수도나 가스관을 생각해 보면 이해할 수 있을 것이다. 그 시작부터 끝까지 파이프가 제대로 설치되었는지, 새는 곳은 없는지 체크해 주어야 한다. 그러다 보니 많이 걷게 된다. 핸드폰의 만보계가 하루 2만 보를 찍는 경우가 더러 있었다. 2만 보는 친구들과 지리산 둘레길을 반나절 걸었던 날과 같은 기록이다. 아무리 배관공이 다리로 일하는 직업이라지만, 요즘 같은 날씨엔 정말이지 힘들다.

갱년기 증상일까? 일단 나이를 탓해 본다. 나이가 제법 되어 버려서 이리 힘든 것 아닐까 하는 생각이 들었다. 너도나도 너무 덥다는 하소연이 가득한 가운데, 나이가 지긋한 하청업체 부장께서 이리 말씀하신다.

"내 조선소 30년 일하는 동안 어제하고 오늘 땀을 제일 많이 흘린 것 같다"

아, 그렇구나. 나만 힘든 건 아니었구나. 물론 나이 탓도 있겠지만 그게 본질적인 것은 아닌 듯하다. 그보다는 말로만 듣던 기후 위기가 이제 현실로 나타나기 시작한 게 아닐까? 아무래도 그게 문제의 핵심인 것 같다.

앞으로도 이리 더우려나. 이런저런 걱정을 하는 중에 유튜브에서 한 기후 전문가가 인상적인 경고를 남긴다.

"올여름이 역사상 가장 더운 것도 사실이지만, 앞으로 남은 인생에서는 올해가 가장 시원한 여름이 될 것이란 게 더 큰 문제입니다."

이 일, 이제 못하겠다는 생각이 든다. 더운 일은 이제 그만해야겠다는 생각을 하게 된다. 어떤 직장을 구해 봐야 할까. 어떤 준비를 해야 하나. 그리고 그게 내 나이에 가능한 일일까 따위를 연이어 고민해 본다. 하지만 더 깊이 생각하진 않는다. 시원한 날에 다시 생각하자. 지금은 생각조차 지치는 일이다.

오늘 펑크 낸 파이프 리크 테스트를 내일은 마무리해야 한다. 리크Leak란 우리말로 '샌다'는 뜻이다. 파이프에서 기체나 액체가 새는 곳이 없는지, 잘 밀봉이 되었는지를 테스트하는 것으로, 배관 작업의 최종 과정이다. 이 테스트가 자꾸 미루어지고 있다. 그 때문에 하청업체의 부장께서 이 뜨거운 날 남들 다 가는 휴가도 안 가고 갑판에 이렇게 올라오게 되신 것이다. 덕분에 우리는 저녁도 못

먹고 9시까지 야근을 했다. 저녁이라도 시원하길 기대했지만, 한여름은 해마저 길었다.

리크 테스트는 간단하다. 파이프에 공기를 채우고 압력을 올린 다음 공기 압력이 떨어지는지 시간을 두고 기다려 보는 것이다. 풍선에 구멍이 났다면 바람이 새지 않는가? 마찬가지로 파이프에 걸어 둔 공기 압력이 떨어진다면 어딘가 새는 것이다. 공기가 새는 곳은 어떻게 찾나? 비눗방울 놀이를 생각하면 된다. 분무기에 비눗물을 타서 파이프와 파이프의 이음 지점에 뿌려 준다. 공기가 새는 곳에서는 비눗방울이 뭉게뭉게 일어난다. 그러면 볼트와 너트를 새로 조이거나, 새로 용접하는 등으로 그 부분을 보완하고 다시 공기압을 넣어 보는 것이다. 작업이 꼼꼼하게 진행되었다면 점검할 부분이 적지만 날림작업으로 엉성하게 파이프를 설치했다면 테스트를 끝없이 계속해야만 한다. 이것을 공기로 하면 '공기압 테스트'라고 부른다. 공기가 아닌, 물을 채워 넣고 물이 새는 부위를 찾는 방법을 누수漏水 테스트라고 하는데 이 방식도 많이 쓰인다.

공기가 새는 부위를 찾느라 종일 파이프 라인을 따라 움직였다. 그리고 새는 부위를 찾으면 그곳을 수리하느라 또 계속 움직였다. 뙤약볕 아래서 그리고 뙤약볕에 달구어진 갑판 위와 아래에서 말이다. 사람의 몸에서 얼마나 많은 물이 땀으로 빠져나올 수 있는가. 사람은 하루에 얼만큼의 물을 마셔 댈 수 있는가. 나의 육체로 임상 시험을 한 날이었다. 파이프는 공기압 테스트, 내 몸은 누수 테스트.

비틀거리는 퇴근길. 정신줄을 겨우 부여잡고 이제 퇴근하려는데 아이고 통근버스마저 없다. 마침 휴가 시즌이라 통근버스가 운행 횟수를 줄인 것이다. 하는 수 없이 조선소 밖까지 터덜터덜 걸어 나갔다. 조선소는 어마어마하게 넓은 공장이다. 간이 세면시설에서 간단히 씻고 쉬엄쉬엄 걸어서 밖으로 나가니 밤 10시. 다행히 시내버스는 다니고 있었다. 늦은 시간이라 빈자리는 많았다. 자리에 털썩 앉으니 이 일을 이제는 못하겠다는 생각이 다시 스친다.

체력이 부친다. 너무 오랜만에 조선소에 복귀해서 부적응한 것일까, 아니면 정말 친구들의 말대로 이제 나이가 들어서일까. 어쩌면 둘 다일 수도 있겠다. 최근 들어서는 소화기능도 이상해졌다. 음식을 먹어도 줄곧 허기가 느껴지는 것이다. 심지어 과식하여 배가 불러 소화제를 먹으면서도 한편으론 허기를 느꼈다. 뭐지 이거? 아귀가 되어 버린 것인가? 어찌 이리 늘 허기지고 배가 고픈 것인지 알 수가 없다. 당뇨가 오면 이런 증상이 나타난다고 하는데, 걱정이다.

몸이 허한 듯하니 뭔가 좀 잘 챙겨 먹어야겠다는 생각이 들었다. 여름엔 역시 물회다. 금요일 저녁. 항구의 한 식당에 들렀다. 종종 오던 횟집이었는데. 풍경도 좋고 음식도 좋았다. 그날도 후다닥 물회 한 그릇을 비웠다. 맵싹짭짤 달콤새콤 시원한 물회 한 그릇. 여름철에 입맛을 살려내는 오미五味가 아닐까?

뉘엿뉘엿 하루가 저무는 항구의 풍경. 열대야로 전국이 난리였지만 바닷가의 밤은 그래도 선선한 편이다. 해안은 겨울엔 따뜻하고 여름엔 시원하다. 바람만 불지 않으면 세상 좋은 날씨가 바닷가 날씨다. 잠깐이나마 천국이 따로 없다고 생각했다. 아, 좋구나. 이때까지는 참 괜찮았다.

저녁 식사를 하고 두 시간이 지났을까? 밤 9시 무렵부터 급격히 속이 좋지 않았다. 요즘 과식을 자주 하고 속이 안 좋은 경우가 많아 숙소엔 까스명수가 늘 있었다. 일단 한 병 먹었다. 그리곤 조금 뒤 속이 울렁울렁. 이상하다. 화장실에 갔다. 구토를 시작했다.

마지막으로 구토를 한 적이 언제였을까? 기억이 나지 않을 정도로 오래되었다. 보통 술을 많이 먹고 하는 게 구토이지 않은가. 부끄럽지만 20대에 구토는 거의 일상이었다. 술을 그놈의 술을 그냥 어찌나 신나게 먹고 살았는지. 30대에 와서는 그런 일이 잦아들었고, 이젠 마지막이 언제인지조차 기억이 나질 않는다.

한 그릇 가득 먹은 물회며 서비스로 나온 매운탕에 파전 따위들이 검붉은 토사물이 되어 한가득 변기로 쏟아졌다. 아, 이게 얼마짜리인데. 눈물이 찔끔 나왔다. 너무 욕심내었나?

그래, 속이 안 좋으면 이렇게 비워 내는 것도 좋겠지. 에구에구 하며 방 안으로 와서 몸을 뉘었는데, 10여 분이 지나니 이번엔 아랫배가 아프기 시작했다. 아…. 설사님이 오셨나? 비틀거리며 화장실에 갔다. 우유를 먹으면 설사를 하곤 했다. 하지만 오늘은 유제품을 먹은 적도 없는데 왜 그런 것일까.

그리고 또 속이 울렁거려서 토하고, 비틀거리며 잠시 후에 다시 설사하고, 그러기를 한 시간. 위와 장을 깨끗이 비워 내었다. 이 정도면 위내시경, 대장내시경 모두 가능하리라. 모두 비워 내었는데도 구역과 배 아픔은 멈추질 않았다.

아. 장염인가? 식중독은 아닐까? 숙소엔 나 혼자뿐이었다. 무서웠다. 어쩌지? 망설이다가 119에 전화를 했다. 죽을 정도는 아닌 것 같은데, 전화해도 되려나? 비상조치에 사용되어야 할 소중한 국가자산을 개인적으로 남용하는 것은 아닐까? 근데, 이러다가 쓰러지고 나면 누가 나 대신 전화를 해 주나. 밤 11시였다.

“여보세요? 저기 제가 지금 배가 좀 아파서 그러는데, 혹시 이 시간에 문 여는 병원이 있을까요?”

시간이 조금 흘렀고, 구급차가 집 앞에 도착했다. 찬찬히 걸어 구급차에 올랐다. 멀쩡한 놈이 두 발로 걸어서 구급차에 오른다는 게 무척이나 무안했다. 이래도 되나 싶지만 어쩌겠나. 하지만 구급대원은 개의치 않았다. 서둘러 맥박을 체크하고 체온을 잰다. “힘이 없고 어지럽고 목이 마릅니다. 물회를 먹은 뒤 두 시간 후부터 계속 구토와 설사 중입니다. 갈증이 나는데 물을 마시면 토합니다.” 이런저런 증세를 말했다. 구급차는 나를 응급실이 운영되는 한 병원에 데려다주었다. 응급실 찾기가 쉽지 않았다.

의사들의 집단적 진료 거부가 계속되고 있었다. 이제 과거의 선배들처럼 안정된 삶을 살 수 없을지도 모른다는 젊은 의사들의 불안감. 지긋지긋한 입시경쟁 같은 것을 또다시 해야 할지 모른다는 공포감. 이것이 그들에게 환자를 버리고 모두 병원을 떠나도록 만든 것일까. 아니면 수학능력시험과 내신성적에 바쳐 버린 유년과 청소년 시절에 대해 마땅한 보상을 해 달라는 요구였던 것일까. 알 수 없다.

비단 의사뿐 아니라, 새로운 엘리트 계급으로 진입한 많은 청춘들이 옛 선배들이 누렸던 기득권을 누리지 못하고 있다는 불만 그리고 새로운 경쟁시험에 놓일 수 있다는 공포에 가득 차 있는 것 같다. 살인적인 경쟁시스템을 두려워하는 것은 경쟁 제도의 패배자들만은 아닐 것이다. 죽을 고생으로 그 좁은 문을 뚫고 나온 사람들. 이들이 사실 그 경쟁시스템을 더 두려워하고 있을지도 모른다. '경쟁은 지옥이다. 두 번 다시 그 시절로 돌아가고 싶지 않다. 경쟁은 여기서 끝이어야 한다.'

병원 응급실. 같은 말을 다시 한번 반복했다. "물회를 먹은 후부터…." 젊은 간호사와 의사가 있었다. 병원을 지키는 사람들. 고마운 마음이 들었다. 침대에 누웠다. 속은 울렁거리고 힘은 없고 어지러웠지만, 불안감은 좀 사라졌다. 여기에 있으면 최소한 홀로 앓다가 외로이 죽을지 모른다는 걱정은 안 해도 되겠구나.

설사와 구토를 지속했더니 탈수 증상이 나타났다. 구토를 하면서도 물을 마셔 대었는데, 마신 물은 구토와 설사로 빠져나올 뿐, 물을 마셔도 목이 말랐다. '아, 이게 병에 걸린 것이구나….' 실감이 났다. 음식을 먹으면 피와 살로 가야 한다. 물도 마찬가지다. 몸이 망가진다는 것은 물과 음식을 먹어도 그것이 내 몸으로 흡수되지 않는 것이다. 최근에 음식을 미친 듯이 먹어 대었는데도 늘 허기진 것도 같은 이치이지 않을까. 몸이 약해지니 소화와 흡수능력이 떨어진다. 그리 소화가 안 되는 위장과 흡수가 안 되는 대장에 꾸역꾸역 계속 더 음식을 밀어 넣은 것이다.

거기에 오늘은 급기야 날것의 음식을 쏟아부으니 드디어 사달이 난 것이다. 링거를 꽂고 채혈을 하고 침대에 누우며 이렇게 스스로 진단을 해 본다. 정체를 알 수 없는 바이러스와 숨어 있는 암세포가 아니라면, 자기 몸은 자신이 더 잘 아는 법.

응급실 의사는 장염이나 식중독일 수 있다고 했다. 검사 결과가 나올 때까지는 우선 물을 마시지 말고 누워 있으라고 한다.

응급실에 들어온 지 한 시간 정도 되었나. 링거를 꽂아 넣는다고 탈수 증상이 바로 해결되는 것은 아닌 것 같다. 목이 너무 탔다.

"물 좀 마실 수 없을까요?"

물어보았다. 새벽 1시. 한 명의 간호사와 한 명의 의사, 너무 피곤해 보인다. 얼굴색만 보아선 저 둘이 이 자리에 누워 있어야 할 것 같다. 간호사께서 냉정한 목소리로 답했다.

"지금은 물을 드시면 안 돼요." 짧은 대답이었다. 목이 말랐다.

평생을 살면서 이토록 목이 탔던 적이 몇 번이나 있었나? 생각해 보았다. 기억이 가물가물하다. 기억력이 좋지 않은 데다 알코올 치매가 오는지 갈수록 기억이 짧아진다. 어린 시절 초등학교 운동장 수도꼭지에 주둥이를 들이대고 벌컥벌컥 물을 마시던 기억이 스친다. 그것 말고 또 언제 목이 말랐을까? 군대에서 마시던 수통의 물이 생각난다. 아, 그러고 보니 이번 달 내내 갑판 위에서 일하며 물을 엄청나게 마셔 대었지. 멀리서 찾을 것도 없었구나. 하지만 목이 타들어 가는 이런 갈증은 아니었다. 다르다.

물을 마시면 바로 구토를 한다고 말하였더니, 물을 마시지 말라는 것일 수도 있겠다. 하지만 입이라도 적셨으면 좋겠다. 이렇게까지 목이 타는 느낌은 처음인 것 같다. 잦은 설사를 너무 가볍게 본 것인지도 모르겠다. 설사는 무서운 병일 수 있다.

이른 아침 나는 다행히도 제 발로 숙소로 돌아올 수 있었다. 어지럽고 피곤했지만, 간밤과 같지는 않았다. 마침 토요일이었다. 토요일, 일요일 이틀을 쉬고, 월요일은 배를 돌리는 날이라 다행히 또 하루 더 쉰다. (조선소 안벽에 작업 중인 선박은 한 번씩 위치를 바꾸곤 하는데, 하루가 꼬박 걸린다.) 그 덕분에 그럭저럭 회복할 수 있었다.

하지만 모두 나처럼 운 좋게 위기를 넘기는 것은 아니었다. 그 무렵 같은 조선소에서는 61세의 노동자가 선박 엔진실에서 의식을 잃은 채로 발견되어 결국 사망했다. 인근의 다른 조선소에서는 한 노동자가 화장실에 앉아 죽은 채로 발견되었다고 한다. 아무래도 무더위에 쓰러진 것이 분명해 보이는데, 그들이 무더위로 쓰러졌다는 것을 입증할 증거가 끝내 발견되지 않았는지 이후에는 소식이 들리지 않았다. 햇볕 아래서 쿡 쓰러지거나, 땀을 철철 흘리다가 획 쓰러지는 것을 누군가 본 것이 아닌 이상, 누가 알겠는가.

혹시나 나도 그날 홀로 지내는 숙소에서, 밤새 구토와 설사를 반복하며 탈수로 지쳐 있다가 일어서지 못했다면, 그 죽음의 원인은 무엇이 되었을까? 홀로 지내는 일용직 중년 노동자의 죽음 따위 누가 원인을 캐어 낼까. 그냥 '자연사'쯤 될 것이다. 그래도 누군가 부지런히 행적을 추적한다면 물회를 먹고 장염이나 식중독으로 쓰러졌다고 할 수도 있겠다. 하루 여섯 명이 산재로 사망해도 신문 귀퉁이 한 줄 기사도 안 나오는 시대에 장염으로 사망한 노동자의 사연 따위 실릴까? "물회가 앗아간 생명, 여름철 장염 주의" 따위의 기사로 횟집 매상을 떨어뜨리는 일만 벌어졌을 수도 있겠다. 아니면 동남아 청년들에게서 자주 발생한다는 '돌연사 증후군'이라 주장할 의사 선생님도 있을지 모른다.

지구는 앞으로도 더 뜨거워질 것이라고 하던데 어쩌나? 이제 이 일을 더 못 하겠다는 생각을 다시 또 하게 된다.

4부

인생역전 그리고 인생여전

맑은 날의 판초 우의

가을이 왔다. 역사상 가장 더웠다는 여름이 지났지만, 다행히 지구의 종말은 없었다. 최소한 올해는 아니었다.

아침저녁으로 서늘함이 느껴질 정도로 기온이 떨어졌다. 긴 팔 셔츠를 꺼내어 가방에 넣어 두었다. 당분간 입었다 벗었다 할 참이다.

한여름 쉴 새 없이 고생한 선풍기를 물끄러미 보았다. 날개에 때가 가득하다. 안전망에는 먼지가 여기저기 끼었다. "올해도 수고했어." 중얼거리며 드라이버를 챙겨 왔다. 망과 날개를 떼어 내어 욕실로 가져가 씻겨 준다. 샤워기로 망과 날개에 물을 뿌려 주었다. 무더운 여름이 가야지만 너는 샤워를 할 수 있구나. 고생 많았다. 생각 외로 먼지는 잘 떨어졌다. 물기를 툭툭 털어준 다음 수건을 깔고 방 한쪽에 말려 놓았다. 이제 마르면 다시 드라이버로 조립할 것이다. 그리고 비닐을 덮어서 한쪽에 두었다가 내년 더위가 시작되면 다시 꺼낼 것이다. 내 방에선 선풍기가 가장 먼저 동면에 들어간다.

선풍기를 말려 놓고 나니 슬슬 가을을 맞이해야겠다는 생각이 들었다. 가을맞이는 불필요한 물건을 버리는 일로부터 시작된다. 계절이 바뀔 때마다 모두 버리자, 마흔 살 이후로 다짐한 생활 계획이다. 불필요한 것들을 사 모으지 않기로 했다. 그리고 쓰지 않는 물건들과 이별한다. 마흔 살 무렵에 이사 온 내 방은 처음에는 책상 하나, 옷걸이 하나, 몇 개의 이부자리뿐이었다. 무소유를 실현하리라 다짐했지만, 계획은 계획일 뿐 목표한 대로 되지 않는 것이 인생이다.

일용직으로 조선소니 건설현장이니 돌아다니다 보니 그곳 숙소에 필요한 일상용품들까지 합해져서 물건들이 두 배가 되었다. 최근 조선소 숙소를 정리하고 짐들을 집으로 가져온 다음에는 조그만 집 어디에도 여유로운 공간이 남지 않았다. 책장도 찬장도 신발장도 옷걸이도 선반도 모두 빽빽하게 물건들이 자리 잡았다. 선풍기도 두 개, 빨래걸이도 두 개, 조그만 밥상과 슬리퍼와 옷가지들과 이불이며 베개 그리고 세탁 용품, 주방 및 화장실 용품까지 우루루 한 벌씩 더 늘어난 것이다. 거기에 작업복과 작업 용품들의 부피도 만만치 않다.

거제도나 울산, 평택 같은 곳에 중고상품 거래소가 있었으면 좋았을 텐데. 아쉽다는 생각이 들었다. 빨래걸이나 멀티탭, 삿갓 전등이나 가벼운 책장 같은 것을 싸게 팔고 싸게 살 수 있는 곳이 있다면 나 같은 일용직이나 단기계약직들이 좀 수월하지 않겠나. 대부분 우루루 구입

해서는 몽땅 버리거나, 몽땅 집으로 싸 들고 가니 이게 얼마나 큰 낭비인가. 최근엔 인터넷에 중고상점이 생겨서 거기에 내어 놓는 경우도 많다. 부지런한 사람들은 안전화나 작업복도 거기서 거래를 한다. 근데 나는 시대에 좀 뒤처진 탓인지, 인터넷 중고거래가 영 힘들다. 그리고 찌든 인생을 사는 사람들이 다들 그렇듯이 나는 매사 의심이 많다. 눈으로 보지 않으면 마음이 좀체 놓이지 않는다. 그래서 둘러보고 골라 볼 수 있는 매장이 있었으면 좋겠다. 나처럼 손가락보다는 다리를 쓰는 것이 익숙한 사람들이 우리 주변에는 아직 많다.

만약 나에게 자본금이 있었다면 중고거래소를 직접 운영해 보고 싶었다. 웬만한 커피숍이나 식당보다는 훨씬 장사가 수월하고 수익도 많지 않을까. 문제는 매장과 창고의 규모가 커야 하는데, 부동산 공화국의 땅 없는 국민이라 쉽지 않다.

혹시나 이 글을 보고 나에게 투자해 보겠다는 맘이 나시는 분은 연락 주시라. 같이 한 번 망해 보자.

빽빽하다는 단어는 참 잘 만들어진 것 같다. 선반 위에 가득 찬 집안의 물건들처럼 'ㄱ'자 받침 위에 두 개의 'ㅃ'과 하나의 'ㅒ'가 촘촘히 비좁게 올라 있지 않은가. 글자 그대로 빽빽하게 들어찬 집 안의 풍경은 나에게 공간에 대한 갈증을 불러 일으킨다. 그리고 괜스레 더 큰 집이 있었으면 하고 생각하도록 만든다.

처음 이 집에 발을 들였을 때 느꼈던 넉넉한 마음과 안정감은, 이런 식으로 조금씩 집에 대한 불만으로 바뀌어 가기 시작한다. 그러다가 내 인생과 처지에 대한 부정적인 느낌이 조금씩 이 공간을 잠식하게 된다.

내 인생이 뭐 그리 대단하지는 못하다. 남 보기에 '썩' 훌륭하게 살아온 것도 아니다. 하지만 그렇다고 특별히 나쁘게 살지도 않았다. 적당히 만족스럽게 그럭저럭 애쓰며 살지 않았나. 스스로 그렇게 부정할 필요가 없다. 하지만 빼곡히 들어선 물건들이 나의 공간을 압박해 들어올 때면 지상에서 나의 공간이 너무 협소하다는 느낌이 들고, 공간에 대한 나의 소유욕이 조금씩 커지다 보면 이내 더 큰 공간을 소유하지 못하는 내 현실에 대해 슬퍼하기 시작하는 것이다. 나의 공간을 장악한 저 물건들의 대부분이 그다지 필요한 물건조차 아닌데도 말이다.

나름의 원칙을 세워 보았다. 일단 불필요한 물건을 사 모으지 않는 것이 중요하다.

법정 스님이 말씀하셨다. 인생의 본질이 무엇이냐를 먼저 살펴봐야 한다고. 인생에 정말 소중한 것이 무엇이었나 확인해서 그것을 위한 생활을 꾸려 나가야 한다. 그러지 않고 그냥 살던 습관에 몸을 맡기다 보면 어느새 나의 공간은 온통 불필요한 물건들로 가득 차오를 것이다. 수도승들이 금욕과 고행의 길을 걷는 이유는 무엇일까? 내면에 자리 잡은 불필요한 것들에 대한 욕망을 걷어 내고, 그 자리에 진정 나를 위한 시간과 공간을 만들어 내려는 것 아닐까. 심연의 저편에서 오래된 이끼처럼 자리 잡은 비본질적인 것들을 걷고 또 걷어 내는 것이다. 그러다 보면 남아 있는 무엇인가가 아직 찾지 못한 내 삶의 본질이 아닐까? 일단 그리 믿어 본다.

그래서 내 방에 불필요해 보이는 물건들이 뭐가 있나 한 번 둘러본다. 너무 많다.

우선 1인용 자동 펼침 텐트. 자동으로 펼쳐지는 둥근 모양의 텐트인데 한 번도 사용한 바가 없다. 더운 날은 더워서 쓸 일이 없고 추운 날은 추워서 쓸 일이 없다. 춥지도 덥지도 않은 날은 굳이 텐트가 왜 필요하나. 돗자리만 있어도 충분하다.

대형 백팩(배낭). 죽기 전에 지리산 종주를 한 번 더 하겠다는 원대한 목표를 안고 샀으나 무릎이 아파 세 시간 이상 걷지를 못할뿐더러 이렇게 큰 가방을 메고 행군을 할 체력이 되지 않는다. 진정 지리산을 타려 한다면 무게를 줄인 작은 가방을 메야 가능하다.

독일제 판초 우의. 내가 굳이 판초 우의까지 뒤집어 쓰고 비가 오는데도 산행 같은 것을 강행할 확률이 얼마일까. 산행에 나서서 벼락을 맞을 확률이랑 얼추 비슷하지 않을까. 내가 특수작전에 나선 군인인가. 도대체 왜 샀는지 의문이다. 군대 시절에 대한 추억 때문일까? 전투화랑 전투모도 하나씩 살 걸 그랬다.

그물침대. 베트남 여행에서 샀던 그물침대. 나무에 끈으로 묶어서 설치하는 나일론 제품인데 안타깝게도 내 방엔 그물을 걸 나뭇가지가 없다. 임대 아파트 벽에 못을 박고 걸어서 쓸까. 10년째 선반의 한쪽 공간에서 오도 가도 못 하며 자리를 차지하고 있다. 그물로 된 침대가 아니라 침대라고 이름 붙인 그물에 내가 잡혀 버린 것이다.

고양이 이동 케이지. 길냥이를 입양하거나 구조할 일이 생기면 사용하려고 4년 전에 샀으나 베란다에서 햇볕을 쬐며 고양이처럼 얌전히 잠자고 있다. 곧 플라스틱이 바스러지기 시작할 듯하다. 치료해 줄 테니 오라고 하면 다가오는 것이 야생의 짐승인가. 어떤 길냥이도 2m 이내로 나에게 다가온 적이 없다. 게다가 길냥이는 계획하고 만나는 게 아니다. 저걸 산책길마다 들고 나서려고 했던가. 오늘 산책길에 길냥이를 만나면 인사해야겠다. "냐옹아. 내일 5시에도 이 골목에서 다시 만나요."

그리고 자동 용접면, 캠핑용 화로 같은 것들이 눈에 띈다. 안 쓰는 작업 도구를 모아 두는 것이야, 현장 노동자들에게 몸에 밴 습관이라지만 때론 버릴 줄도 알아야 한다. 작업 도구가 너무 많으면 정작 필요할 때 찾아 쓰지 못하는 법이다.

캠핑 도구도 꽤 많다. 일상이 늘 갑갑한 것일까. 굳이 캠핑에 나서지도 않으면서 여기저기서 많이도 사 두었다. 모두 버리고 자유롭게 떠나고 싶은 마음에 이런 것들을 사 두는 것이 아닐까 싶다. 일용 노동을 하며 전국을 돌아다니면서 굳이 또 떠나고 싶은 이유는 무엇일까. 여전히 마음속에서는 구속을 느끼는 것일까. 그리고 또 저 많은 옷가지는 어찌해야 할까. 옷이란 게 그렇다. 입기 편하고 더 깔끔한 옷이 생기면 낡은 옷은 입지 않게 된다. 이참에 이것도 정리를 좀 해야겠다.

그런데 버린다는 일이란 참으로 쉽게 되지 않는다. 아마도 불안해서 그런 것 같다. 사실 경제적으로 안정된 삶이라면 굳이 이렇게 물건들을 저장하고 있을 필요는 없을 것이다. 뭐든 필요하면 사면 될 일이지 않은가. 그에 반해 언젠가 필요할지도 모른다는 불안감, 나의 통장은 넉넉하지 못하다는 자기 인식은 물건을 버리는 것을 쉽게 할 수 없도록 한다. 그렇게 쓰지 않는 물건들이 '언젠가 한 방'을 노리며 공간을 잠식하고 있다. 하지만 그 언젠가는 결국 오지 않았다.

『숫타니파타』에는 석가모니와 한 농부의 인상적인

대화가 실려 있다. 마을을 돌며 탁발하고 말씀을 전하는 석가모니 부처와 소를 치는 다니야가 이야기를 나누는 장면이다.

"나는 착한 마누라가 있습니다. 지붕을 잘 고쳐 놓은 집도 있고요. 착한 아이들과 잘 자란 황소와 암소 그리고 송아지까지 있습니다. 그래서 저는 아무런 걱정이 없습니다."

그 이야기를 듣고 석가모니는 다니야에게 답했다. "나는 착한 부인이 없네. 집도 없고 지붕도 없네. 착한 아이들과 황소와 암소 그리고 송아지도 없네. 그래서 나는 아무런 걱정이 없네."

"자녀가 있는 이는 자녀로 인해 근심하고, 소를 가진 이는 소 때문에 걱정하네. 사람들이 집착하는 것은 마침내는 근심이 된다네. 집착할 것이 없는 사람은 근심할 것도 없다네."

다니야와 그의 아내는 그 이야기를 듣고 석가모니의 가르침을 따르는 제자가 되기로 했다.

쓰지 않을 판초 우의를 손에 쥐고 창밖을 내다본다. 이걸 버려야 하나 말아야 하나. 바깥에는 청명한 가을 하늘이 보인다. 하지만 내 속엔 근심과 걱정 그리고 불안이라는 장맛비가 그치지 않는다.

대기인

삐걱대는 중고차처럼, 때 되면 여기저기 손질해 줘야 하는 번거로움이 산다는 것인가.

하루 휴가를 냈다. 주말에 하지 못하는 일들을 처리해야 했기 때문이다. 평일에 문 여는 곳, 동사무소와 은행을 들렀고 휴대전화 수리점과 병원을 돌았다.

가는 곳마다 많은 사람들이 대기 중이었다. 번호표라는 게 생겨서 얼마나 다행인가. 한때 하염없이 긴 줄을 서야만 했던 시절도 있었다. 이젠 기억도 가물가물하다.

번호표를 뽑고 차례가 오기를 기다린다. 대기인 석은 그다지 불편하지 않았고, 대기 시간이 못 견딜 정도로 길지는 않았다. 하지만 가만히 앉아서 시간을 보낸다는 것은 참으로 어색한 일이다. 나도 21세기의 사람인지라, 가만히 있지를 못하고 뭔가를 해야 했다. 자신을 계발시키거나, 자신을 즐겁게 하거나, 자신을 힐링할 수 있는 그 무언가를 계속 열심히 해야 한다. 무의식적으로 시간이 아깝다고 생각한다. 그리고 뭔가를 하라고 스스로를 계속 채근한다. 조용히 앉아 아무 생각 없이 풍경을 바라보며 편안히 숨 쉬는 것만으로도 좋지 않은가. 그게 휴일의 풍경으로는 더 어울리는 것 아닐까? 심지어 오늘 하루 네 개의 스케줄을 짜서 부지런히 수행하는 이 와중에도, 그 틈새 시간에 굳이 또 뭔가를 해야 한다는 강박.

어릴 때 읽은 『모모』라는 소설이 기억난다. 언제부터 나는 시간 강박에 사로잡혀 마음의 여유를 빼앗겨 버린 어른이 된 것일까? 나의 시간은 어디서 불태워져 담배 연기로 사라지고 있는 것일까.

차례가 왔다. 번호가 불리고 나면 왜 이렇게 기다렸던 것일까 싶을 정도로 모든 일은 금방 해결되었다. 주소 이전도, 통장 개설도, 휴대전화 수리도 어느 하나 오래 걸리지 않았다. 다만 차례가 오는 것이 조금 더뎠을 뿐이다.

기다림, 초조함, 허무함이 이번 휴일의 풍경이었다.

마지막 코스는 인근의 내과 병원이다.

대장에 생긴 작은 종양의 조직검사 결과를 들으러 왔다. 오늘의 휴일은 결국 이 병원을 오기 위한 것이었다.

대장내시경 검사를 한 것은 지난주였다. 어느 날부턴가 갑자기 습관적인 설사가 시작되었고, 의사 선생님이 내시경 검사를 해 보는 게 좋겠다 하여 날을 잡아 대장내시경을 했던 것이다.

내시경을 한다고 민망하게 생긴 옷을 입고, 싱크대 같은 금속 시술대에 누웠던 날. 괜스레 울고 싶어졌다. 맨

살에 닿는 그 차가운 느낌. 해부대에 올라간 개구리가 된 기분이었다.

사람의 몸뚱이라고 뭐 대단하지도 않구나. 이렇게 올려지니 참 초라하다고 생각되었다. 비늘 떨어진 물고기마냥, 어느 날 차가운 수술대 같은 것 위에서 파닥거리다가, 가벼운 몸뚱아리 남겨 두고 가는 건 아닐까? 외로운 길이 될 거라 생각되었다.

아프지 말아야겠다고 생각했다. 아프면 이리 비참해지는 것이구나. 하지만 어디 아프지 않고 살 수 있는 자가 있던가. 그냥 오늘 조금 덜 아픈 것이 행복이라고, 그것에 안도하며 사는 것이다.

간호사께서 말씀하신다. 주사 들어갑니다. 열부터 거꾸로 세어 보세요. 열, 아홉, 여덟, ….

마취에서 깨어났지만, 여전히 몽롱했다. 의사 선생님이 뭔가 이것저것 이야기해 주었는데, 기억이 나질 않는다. 그래도 중요한 것 하나는 기억하고 있었다. 용종이라 부르는 작은 종양이 있었다는 것이다. 의사 선생님은 이걸 떼어 내었고, 조직검사를 해 봐야 하니 며칠 후에 다시 오라고 했다. 아? 다시 오라고요?

양성이면 괜찮은데, 악성이면 안 된다. 악성 종양. 그것을 암이라고 부른다. 처음 해보는 암 검사. 살짝 무서웠다. 불안감이 시작되는 날이었다. 그리곤 불현듯 어느 날

이곳에서 나에게 사형선고가 내려질 수도 있다는 생각이 들었다. 소름이 돋는다.

어느 날 나에게 죽음이 선고된다면 어찌해야 할까. 혐의도 증거도 없이 이러실 수 있냐고 항변한다면 통할까? 나름대로 열심히 살아 왔다고, 알고 보면 착한 사람이라고 탄원서라도 받아서 제출한다면, 그들은 나를 사면해 줄 수 있는 것일까.

아직 젊은 데다가, 설사 몇 번 했다고 사람이 죽으면 그게 말이 되나. 당연히 아무 일 없을 것이라 낙관하고는 있었지만, 만약 3개월이 남은 인생이라고 하면 그때 난 무엇을 해야 하나 고민이 되었다.

사과나무를 심을까? 그러진 않을 것 같다.

좋아하는 사람과 함께, 좋아하는 일을 해야지.

좋아하는 사람은 누구일까? 어렵지 않게 몇몇 얼굴이 떠오른다. 하지만 내가 좋아하는 일은 무엇일까. 고민이다.

인생이 3개월 남았다면 무얼 하게 될까를 계속 생각해 본다. 그러다가 문득, 굳이 인생이 3개월이 남기를 기다릴 필요가 있을까? 3개월 남았을 때 해야 할 일들을 미리 처리해 놓고, 나머지 인생을 살아가는 것이 좀 더 현명한 것 아닌가 생각이 든다. 그래, 마지막 3개월에 할 일이 있다면 지금이 그때라고 생각하고 미리 해 두는 것이 좋겠다. 자, 어서 시작하자.

근데 뭘 해야 할까. 여전히 고민이다.

하루살이는 보통 5일에서 길게는 10일을 산다고 한다. 하루살이에게 삶이란 무엇이며, 죽음이란 또 무엇일까. 짧은 생은 기쁨일까 아니면 참고 견뎌 나가야 하는 고난의 세계일까.

하루살이에게 가장 근사한 삶은 어떤 것일까. 태어난 곳에서 가장 멀리까지 날아, 최대한 넓은 세상을 보는 것일까.

친구들에게 둘러싸여 한나절 흥겹게 보내는 것이 삶의 보람일까. 번식하고 되도록 많은 짝짓기를 하는 것이 가장 근사한 것일까.

새들이나 다른 벌레 아니면 인간에게 살해당하지 않고 천수를 다한다면, 그리해서 10일이라는 수명을 가득 채웠다면, 장수한 하루살이로 축복받아야 마땅할까. 눈감는 순간 미소를 띠게 될까. 여한이 없다고.

하루살이도 잠을 잘까. 먹고 싸고 한가한 오후에는 게으름도 부릴까. 더러는 짧은 인생 헛되이 보내지 말자고, 다른 아픈 하루살이를 보살피고, 부모 공양하고 자식 교육하고 그럴까? 하루살이에게 생은 무엇이고 죽음은 무엇일까?

오늘은 검사 결과를 들으러 다시 병원에 온 날이다. 번호표를 뽑아 들고 자리에 앉았다. 온종일 뽑은 번호표이지만, 오늘 이곳의 번호표는 왠지 무겁다. 아무 이유 없이 다른 대기인들까지 모두 운명의 심판을 기다리는 이들로 보인다.

그렇다. 번호표를 뽑고 결국 죽을 날을 기다리는 게, 태어났을 때부터 정해진 모두의 운명인지도 모르겠다.

진료실에 들어가기가 무섭다. 하지만 아무리 피하고 싶어도 결국 나의 차례는 돌아올 것이다.

순서가 되었다. 번호표를 들고 진료실로 들어간다. 사형이 선고되는 것은 아닐까? 최후진술은 어떻게 해야 할까. 눈물을 콸콸 쏟으며 불쌍한 표정을 짓고 내 죄를 반성하는 모습을 보이면 감형이란 것을 해 준다던데. 아니면 정상참작이란 것을 해 줄 만한 적절한 변명을 찾아볼까.

지금까지 나는 나의 시간을 어찌 보내었던가. 반성과 후회가 스친다.

등받이도 없는 동그란 쿠션 의자가 보인다. 저곳이 피고인석.

검사 결과는 괜찮습니다.

음식 조심하시고 스트레스 받지 마시고 운동하시고
다음 봄에 뵙겠습니다.

그럼 무죄 석방인가요?

아닙니다. 집행유예입니다.

추적거리는 여름 오후.
낮 기온 29.5도.
얼음 커피가 먹고 싶다.

좋은 콜 받으세요

#1. 한글날, 글쓰기, 영화 만들기

어제는 한글날이었다. 빨간날. 아쉽지만 이번 휴일은 나에게 무급휴일이었다. 쉬어도 임금으로 계산해 주는 직장에 다니지 못한다는 것이 서운한 하루다.

한글의 위대함은 어디에 있을까? 나는 그것을 평등 정신의 실현에 있다고 본다. 이제 문자는 지배계급의 전유물이 아니다. 누구나 정보와 네트워크에 접근할 수 있고, 누구나 자신의 삶을 기록하여 역사의 저장소에 올릴 수 있다. 양반 상놈 구분치 아니하고, 남녀노소의 구분도 없이 공평하게.

편리한 도구 덕에 글을 읽는 국민은 절대적으로 늘었다. 하지만 글을 쓰는 국민은 상대적으로 여전히 소수인 것 같다. 많이 늘었으면 좋겠다. 아니, 남 이야기할 것 있나. 나부터 글을 좀 더 써 봤으면 좋겠다.

아인슈타인의 짧은 수기를 모은 전자책을 본 적이 있다. 한여름 조선소에서는 점심시간이 꽤 긴 경우가 있는데 그러한 애매한 시간에 읽기 좋은 글이었다. 그의 물리학 이론과 공식은 한 줄도 이해가 되지 않았지만, 한 명의 지식노동자로서 소소히 남긴 일상의 말과 글은 쉽고 간결하고 재미가 있었다.

"일정한 나이에 도달하면 독서는 인간의 정신을 창의적 활동으로부터 너무 멀어지게 만든다. 독서를 너무 많이 하고 자신의 두뇌를 조금밖에 쓰지 않는 사람은 게으르게 사고하는 습관에 빠지게 된다"라는 의견이 오래 기억에 남았다.

프로이트 전집의 어느 페이지에서 물리학자 아인슈타인과 심리학자 프로이트가 전쟁의 원인과 평화의 방법에 대해 서로 의견을 나누는 편지글을 본 적도 있다. 그는 호리병이 늘어선 실험실에서 폭발물 제조만 연구하는 영화 속의 괴짜 과학자는 아니었던 것 같다. 그리고 특수상대성이론의 원리는 모르겠지만 '특수'란 단어에서는 알 수 없는 친근감이 느껴졌다. 나는 특수용접기능사라는 기술 자격증이 있고, 특수공무집행방해라고 적힌 범죄 이력도 하나 있다. 특수라는 명칭이 붙은 두 개의 공식 문서 보유자인 셈이다. 이것은 나와 아인슈타인의 특수한 인연일까. 뭐 어쨌든.

모두가 자신의 삶을 기록하는 세계, 모두가 자신의 일상을 기록하고 그 가운데서 미처 생각하지 못했던 자신만의 특별한 공간을 발견하는 일. 근사하지 않은가. 타인의 삶을 그저 동경하고 늘 관객으로서 대리만족을 느끼는 것이 아니라, 모든 이가 저마다 자신의 인생을 그려 내고 그곳에서 자신과 세계의 연결고리를 찾아가는 재미. 그러한 모습이 가득하다면 그거 참 아름다운 세상이 아닐까 생각한다.

영화의 언어 또한 마찬가지라 보인다. 한글의 사용처럼 영상의 촬영과 편집은 이제 소수만이 사용할 수 있는 고도의 과학기술이 아니게 되었다. 이제 누구나 나의 삶을 영상으로 표현할 수 있다. 나를 주인공으로, 나의 삶을 기록하는 것이다. 세상은 우리를 엑스트라로 그려 낼 수 있다. 세상은 우리의 일상과 우리의 노동을 존재하지만 존재하지 않는 무엇으로 그려 대기 일쑤다. 하지만 마음먹기 나름. 이젠 우리가 스스로 무대의 주인공이 되어 보려 한다. 여기 그런 영화가 있다. 여성 대리운전기사의 이야기를 담은 다큐멘터리 〈밤의 유령〉(감독 이창우, 2023)이다.

#2. 바디캠으로 바라본 여성 대리기사의 일상/밤

단춧구멍만 한 바디캠 앵글 저편으로 우리 영화의 무대가 펼쳐진다. 그 무대는 때로는 지루함으로, 때로는 지친

피로함으로, 때로는 분노할 현실로, 때로는 끈끈한 동료애로 둘러싸여 있다. 비극이 벌어지기도 하고 잔잔한 감동을 실어 주기도 한다. 여기서 우리는 행인1, 노동자2가 아니다. 내가 주인공으로 선 이 세계에서 나는 나의 인생과 내 주변을 둘러싼 세계의 진실을 발견하게 된다. '수처작주 입처개진'隨處作主 立處皆眞은 이런 경우를 말하는 것이 아닐까 추측해 본다.

나는 이 위험한 밤의 세계에서 누군가의 소중한 귀갓길을 책임지는 사람이다. 이 일터에서 많은 사람을 만난다. 대부분 술을 한잔 걸친 사람들이다. 알코올의 힘으로 감정이 고양된 사람들. 한잔한 탓일까? 그들은 쉽게 마음을 열고 밤의 유령과 소소한 대화를 나누길 즐긴다. 가족 걱정, 동료에 관한 이야기, 업무에 대한 불만, 사회의 현실에 대해 잔잔한 대화들이 매일매일 이어진다. 이것이 나의 일상, 나의 노동이다. 지루하기도 하고 피곤하기도 하지만 그럭저럭 흘러가는 세계.

우리 인생의 단조로움을 덜어 주기 위해서인지, 이 다큐멘터리의 지루함을 덜어 주기 위해서인지, 고맙게도 악랄한 빌런들이 출현하기도 한다.

영화가 시작되고 전반 15분이 지날 무렵. 첫 번째 빌런이 나타난다. 말쑥한 양복을 입은 노신사. 경유 비용 3000원에 대한 실랑이 끝에 불쑥 폭언을 내뱉는다.

"됐어요. 그냥 말하지 마. 짜증 나니깐."

(긴 침묵 후) "거 씨바, 기분 좋게 가야지 에이."

"그래서 대리하는 것들은 평생 대리만 하는 거야."

(콜택시 회사에 전화하더니) "아니 어디서 이런 개 뭐 같은 기사를 보내 가지고… 아니 솔직히 그 운전도 개○ 같이 하는데…. 내 지금 3년 단골인데 왜 이런 기사를 배차를 했을까…? 운전을 개○ 같이 하고 있어 지금…. 야, 끊어!" (고함)

악역의 출연시간은 1분여 정도지만, 그의 존재감은 강렬하며 그 대사는 오래 잊히지 않는다. 만일 극영화였다면 어땠을까. 이것이 연기력 충만한 어느 악역 배우의 대사였다고 생각해 보자. 카메라 앵글이 자연스레 빌런의 얼굴을 비추고 거친 표정에서 악담이 쏟아져 나올 것이다. 물론 그 연출을 바라보는 것도 화가 나는 일이겠지만, 솔직히 바디캠으로 바라본 이 영상보다는 덜 불편했을 것 같다. 오직 정면의 핸들만 바라보는 바디캠의 앵글 속에서 음성으로만 전달되는 저 빌런의 거침없는 욕설과 모욕. 그리고 긴 침묵. 정말이지 참아 주기 힘들었다.

"그래서 대리하는 것들은 평생 대리만 하는 거야"

우리 사회에서 참으로 흔하게 발설되는 우리 노동에 대한 모욕이다. 다른 나라에서도 이런 형태의 모욕이 흔

할까? 각기 문화마다 이런 식으로 직업에 대한 멸시와 차별이 있을 순 있겠지만, 한국사회만큼 강한 곳이 또 있으려나 싶다. 경쟁시험을 요구하지 않는 직업, 학력이나 특별한 자격을 요구하지 않는 직업, 자격증을 얻기가 상대적으로 수월한 직업은 우리에게 친근함이나 편안함으로도 충분히 다가올 수 있을 터인데, 그보다는 멸시와 차별의 대상으로 먼저 읽히고 만다. 이유가 무엇일까? '그래서 너는 ○○○인 거야'라고 말할 때, 그 ○○○ 안에는 이 사회를 유지하는 필수적 노동들이 빼곡히 배치된다. 입고, 먹고, 자는 일들. 살아 숨 쉬는데 필요한 모든 노동이 '그래서 너는 그것밖에 안 되는 것'이라고 모멸과 멸시를 담아 내뱉어진다. 요람에서 무덤까지 우리는 모든 일상을 타인의 노동으로 온전히 유지하면서도 그 소중한 타인의 노동을 이런 식으로 모욕한다. 그건 나의 가족, 이웃, 친구와 동료, 그리고 나 스스로를 모욕하는 행위가 아닌가. 왜 그럴까.

두 번째 빌런은 직접 출현하지 않았다. 두 번째 빌런은 영화가 시작된 후 35분 무렵 출연자와의 인터뷰에서 간접적으로 전해진다. 이번엔 여성 대리운전기사에 성매매를 요구하는 승객이다.

"제가 일당을 챙겨 줄테니까…. 나랑 한잔하시겠습니까?"

빌런은 성매매를 직접 요구하진 않았다. 하루 일당을 챙겨 주겠다느니 거절하시면 나는 20만 원을 아끼게 되니 좋다니 하며 은근슬쩍 성매매의 가격에 대해서까지 언급했다. 졸렬한 동시에 영악한 인간. 아. 세상에 이런 자들이 보통 사람의 모습으로 평화로운 나의 일상에 내 친구로 살아간다는 사실이 공포스럽기 그지없다. 가면을 쓰고 칼을 든 채 주인공을 뒤쫓는 어느 영화만큼이나 무섭고 서늘한 장면이다.

#3. 영화와 같은 삶, 혹은 우리네 삶과 같은 영화

이 다큐멘터리는 2023년 3.8 세계 여성의 날을 맞아 노회찬재단에서 부산 지역의 여성 대리운전 기사 30명에게 장미꽃과 함께 바디캠을 선물한 것을 계기로 제작되었다고 한다. 부산의 여성 대리운전 기사들은 영화에서 보듯이 여러 가지 어려움을 저마다 가지고 있었고 작은 도움이나마 서로 나누기 위해 상호부조 모임을 구성했으며, 그 활동이 영화에 소개되고 있다. 그리고 그들은 자신들의 노동을 영화로 기록하기로 했다. 그들의 안전을 위해 부착한 바디 카메라는 영화의 중요한 도구 중 하나가 되었다.

연출과 기획을 맡은 이창우 감독은 부산 지역의 노동운동가이자 진보정당 운동가이시다. 이분은 노래, 기타 연주, 당구, 바둑 등등 온갖 쓰잘데기 없는 잡기를 섭렵한 분이신데, 그중 특별히 잘하시는 게 있으니 바로 남의 이야기를 잘 들어 주신다는 것이다. 후배들, 동료들의 이야기를 늘 귀 기울여 듣는 그는 이번에 여성 대리운전 기사의 이야기에 귀를 기울였고 그 이야기가 이 작품으로 남게 되었다.

이들이 손잡고 만든 다큐멘터리는 이듬해인 2024년 3월 여성의 날을 맞이하여 최초의 상영회를 했다. 영상으로 담은 담담한 일상의 나열을 보며 동료들은 눈물을 훔치기도 했다고 전해진다. 그리고 2024년 부산독립영화제의 개막작으로 선정되기까지 했다.

단조롭고 지루한 화면, 흔들리는 영상. 손으로 들고 찍는 기법을 핸드헬드라고 부른다고 하던데 바디캠을 통한 이것은 무엇이라 불러야 할지 궁금하다. 체스트헬드라고 하면 되나? 한 곳만 응시하는 영상의 지루함, 끊임없이 흔들리는 앵글의 불안함은 늦은 밤부터 새벽까지 관통하는 이들의 일터가 어떤 곳인지 그 모습 그대로 표현하고 있는 것 같다. 늦은 밤 화장실을 찾기 위해 이곳저곳 뛰어다니는 모습, 화장실 입구를 찾기 위한 다급한 부탁의 목소리가 바디캠을 통해 전달된다. 영화의 앵글이 초점도 없이 위아래로 흔들리고 영화를 지켜보는 나도 함께 다급해진다.

영화의 흐름에는 특별한 개연성이 없다. 그저 일상을 일상으로 드러낸다. 그래서 조금 단조롭다는 느낌을 주기도 하고, 사건들이 뜬금없다는 느낌을 주기도 한다. 하지만 어쩌겠는가? 그것이 내가 주인공으로 살아가는 이 세상의 모습인 것을. 지루한 일상. 그리고 갑자기 찾아오는 질병과 죽음, 연인과의 이별, 난데없이 나타나는 숱한 빌런들. 그렇다. 우리 인생은 아무런 개연성도 없고 부드러운 전개 과정도 없이 일어나고 사라진다. 이 영화처럼.

60분의 짧지 않은 노동의 기록. 첫 작품을 완성하신 것에 축하의 박수를 드린다. 멈추지 말고 또 다른 삶의 기록들을 계속 만들어 보여 주셨으면 하는 바람이다. 문득 나도 영화 속의 대리운전 기사들처럼 인사를 드려 보고 싶다.

"좋은 콜 받으세요."

슈가포인트

하루하루 살아 있으니 달콤하다는 걸
이제는 깨달을 나이
검버섯도 기미라고도 부르지 마라
다만 내 인생의 슈가포인트일 뿐
그저 얼굴에 새겨진
삶의 농밀함

하루하루 살아 있으니 달콤하다는 걸

인생역전 그리고 인생여전

간밤 꿈에 조용필이 나왔다. 가왕 조용필. 세상에나.

그날 조용필과 나는 포장마차에서 떡볶이에 소주 한 잔을 마시고 있었다. 안타깝게도 무슨 대화를 나눈 것인지 기억나지 않지만, 마치 평소에도 잘 알던 동네 형과 동생인 듯 분위기가 자연스러웠다.

그러다가 잠에서 살짝 깨었다. 아직 이른 시간. 다시 잠들면 아마도 모두 잊어버리게 될 것이다. 나는 혼미한 정신을 수습해 가며, 머리맡에 후다닥 이렇게 메모해 두었다.

꿈. 조용필. 포장마차. 복권 살 것.

꿈속에서 유명인을 만나는 것과 복권의 관계가 무엇인지는 모르겠지만, 그때 가장 먼저 생각 난 것은 복권이었다. 이런 비슷한 꿈들이 있지 않은가. 돼지꿈, 용꿈, 호랑이꿈, 조상님꿈. 그런 꿈을 꾸고 그다음 복권에 당첨되었다는 이야기를 많이 들었다.

15년쯤 전에 어머니가 꿈속에서 할아버지를 만났는

데, 그다음 날 복권을 사서 100만 원에 당첨된 적도 있었다. 정말이다. 어머니는 평상시에 복권 같은 것을 사는 분이 아니셨다. 놀랍지 않나? 특별한 꿈은 특별한 운이나 행운의 알림 신호 같은 것인지도 모르겠다.

운이라는 것. 사실 이게 그렇게 쉽게 무시할 수 있는 게 아니다. 실지로 이 사회에서 잘 먹고 잘사는 사람들, 대부분 운이 좋은 사람이지 않나. 노력하면 출세한다는 이 공정 경쟁의 세상에 뭔 소리냐고 반문할 수도 있겠지만, 아니다. 그렇지 않다고 본다.

공정 경쟁의 대명사인 이 나라의 숱한 과거시험의 경우를 봐도 그렇다. 따져 보자. 달달달 어린이 암기왕으로 태어나는 것이 노력인가? 남다른 암기력을 가지고 태어나는 것부터 철저히 운이지 않나. 우리가 흔히 말하는 천부적 재능이라는 것들 역시 다 하늘이 내린 운빨이 아니고 무엇이겠는가. 알코올 중독의 아버지를 만나지 않았거나, 도박에 빠진 어머니를 만나지 않았다는 것. 그것 또한 운이지 않나? 부모님이 고학력이며 안정된 직장에 다니고 있고 그 덕에 자녀가 정서적으로 매우 안정된 환경에서 사는 것까지. 그게 노력인가? 우리 세상에서 잘살고 못사는 일은 9할이 운이요 노력은 많이 쳐줘도 1할을 넘지 못한다. 그만큼 운은 압도적이다.

그러나 그 운이라는 것은 사람의 힘으로 만들어 내기

가 여간 어려운 것이 아니다. 그래서 종교적 의식 같은 것으로 그것을 구하기도 한다. 소원 연등, 소원 촛불, 소원 엽서 그리고 복을 구하는 의식들이 얼마나 많은가? 간절한 바람에 대한 그분의 대답이, 이렇게 꿈과 같이 신비로운 형태로 미리 나타나는 것이다.

그렇다. 꿈이 적당하다. 운명을 관장하시는 그분께서 현실에 진짜로 나타나시면 좀 뻘쭘하지 않겠나. 게다가 그분이 이곳에 실제로 나타나시어 본들 그분이 그분인 줄 우리가 어찌 또 알겠는가? "이거 보이스 피싱 같은 거 아닌가요? 당신 같은 사이비 교주들이 이 나라에 한 트럭입니다" 하고 의심할 것이다. 운전면허증 같은 것으로 본인 확인도 해야 할 것이고, 개인정보 이용 동의도 받아야하고, 무척 번거롭다. 그래서 그분께서는 이렇게 꿈으로 출현하시는 것이다.

그리고 말씀하신다. "이젠 너의 차례이니라."

그래, 어리숙한 내 눈엔 그리 보였다.

마침 토요일, 인근 복권 가게에 들렀다.

복권은 카드 결제가 안 된다고 한다. 왜? 이해할 수 없다. 붕어빵도 카드 결제가 되는 이 시대에 뭔 일이냐 이게. 포기할 만도 했지만 귀찮음을 견디며 가까운 은행에서 현금을 찾아 다시 복권 가게로 갔다. 괜찮다. 조용필 꿈은 이 정도의 노력을 투자할 만한 일이지 않겠나.

〈로또〉 5000원, 〈연금복권〉 3000원, 동전으로 긁어 확인하는 〈즉석복권〉 2000원. 이렇게 1만 원어치 복권을 샀다. 복권 사는 데 만 원을 쓴 건 내 평생에 처음 있는 일이다. 그래도 뭐 이 정도는 해야 하지 않겠는가? 조용필이 꿈에 나왔는데 말이야. 조. 용. 필.

복권을 사면 빠져드는 행복한 감정과 충만감. 이것은 도파민의 작용이라고 한다. 도파민이란 뇌에서 만들어지는 행복 호르몬이다. 복권을 사는 행위에서 행복 호르몬이 분비된다는 게 이해가 되지 않았는데, 오늘은 그 작동 방식이 살짝 이해가 되는 것 같다. 조용필 꿈 덕에 뭔가 당첨에 대해 강한 기대를 하게 되었고, 복권을 사는 행위가 살짝 흥분감을 느끼게 한다. 기대감. 그래. 이거였구나.

복권으로부터 출발해서 경마, 경륜, 카지노까지 이어지는 도박의 중독에서 핵심적인 역할을 하는 것이 이 도파민 작용 시스템이라고 한다. 살짝 기분이 '업'되는 이 느낌. 무슨 말인지 이해가 간다. 확률이나 기댓값 등은 중요치 않다. 사실 우린 돈을 걸 때 이미 돈을 딴 것과 같은 흥분 상태에 마취되는 것이다. 경마를 베팅할 때, 카지노를 베팅할 때, 그리고 인터넷 도박 사이트에 접속할 때 이것이 작동한다. 나의 뇌 속은 이미 당첨되어 있는 것이다.

한때 일하던 곳 인근에는 전국에서 로또 1등 당첨이

가장 많다고 광고하던 복권방이 있었다. 금요일 오후와 토요일 오전만 되면 줄이 50미터씩 뻗어 나갈 정도로 장사가 잘되었는데, "로또 대박 가게"라는 간판에 실로 어울리는 풍경이었다. 가게 주인은 컨테이너 가설건물에서 복권 기계 두 대를 놓고 판 돈으로 옆에 있던 5층짜리 빌딩을 사들였다는 소문이 있었다. 그래서 우린 그리 이야기하곤 했다.

"진짜 대박은 저 아저씨 가게구나."

신기한 건, 복권방 앞은 일요일부터 금요일 오전까지는 한산하다가 꼭 금요일 오후부터 토요일 정오 무렵까지 사람이 붐볐다는 것이다. 로또는 토요일 밤에 추첨했는데 정작 추첨에서 가까운 시간에는 또 한산했다. 이상한 일이라 생각했는데, 도파민의 이야기를 이해하고 나니 왜 그 시간에만 줄이 그리 길었는지 이유를 추측할 수 있게 된다.

복권이나 도박과 같은 것에서 도파민이 제대로 만들어지려면 결과의 확인이 너무 멀어서는 안 된다고 한다. 도파민 분비가 안 되기 때문이다. 쉽게 말해서 행복 호르몬이 생성되려면 '그녀를 만나는 곳 100미터 전'이어야 하는 것이다. 그렇다고 추첨시간이 너무 가까우면 행복감을 느끼는 시간이 또 너무 짧다. 대략 24시간 정도의 시간이 가장 적당한 것이다. 한 장의 복권을 사고 그때부터 생기는 그 알 수 없는 기대와 쾌감을 음미할 시간.

줄을 선 그 순간부터 24시간 동안 우리는 대략 10억 원의 불로소득이 생길 것이라는 기대로 마음이 들뜨는 것이다. 무의식의 가상계좌에는 10억이 입금되었다. 도파민이 샘솟는다. 10억이 분명 가상의 것이라는 건 알고 있다. 그렇지만 내 머릿속에서 분출되는 행복 호르몬은 가상이 아니라 실재다. 부자가 된 그 기분을 5000원어치, 만 원어치, 때로는 10만 원어치 구입한다. 매주 실패하지만, 그 행복감은 잊을 수 없다. 1주일에 하루 잠시. 10억 원의 자금이 나의 가상계좌로 입금되는 것이고, 그 행복 감이 매주 우리를 이 가게 앞으로 오게끔 만드는 것이다.

나 역시 구입한 즉석 복권을 그 자리에서 바로 긁지 않았다. 긁기 전까지는 5000만 원인데, 긁으면 재활용 폐지가 되는 것 아닌가? 일단 최대한 시간을 끌어 본다. 그렇다고 너무 오래 확인을 하지 않는 것 또한 좋지 않다. 일단 가슴에 품고 집으로 가져온 복권. 몸을 씻고 차분히 앉아 이제 동전을 꺼내어 본다. 꿈속의 조용필 형님을 다시 한번 생각한다. 그리고 경건한 마음으로 드디어 슥삭 슥삭.

꽝이었다. 토요일 저녁의 로또 추첨도 꽝. 수요일의 연금복권 추첨도 꽝. 모두 꽝이었다.

아마 나는 아직은 어린가 봐 그런가 봐

엄마야 나는 왜 자꾸만 슬퍼지지

엄마야 나는 왜 갑자기 울고 싶지

─ 〈고추잠자리〉, 1981, 조용필 3집.

그동안 꽝을 기록한 꿈속의 그분들을 떠올려 본다.
조용필님 꽝.
문재인님 꽝.
트럼프님 꽝.
용신님, 돼지님, 비단구렁이님. 꽝 꽝 꽝.

하루는 서울 형님이 나에게 로또를 사 주었다. 1장에 5개의 복권번호가 자동 입력되어 있었다. 총 5000원어치. 뭘 커피나 한잔 사시지 이런 걸 사 주나 싶었다. 형님은 금요일 오후나 토요일이면 꼭 복권 가게에 들러 로또를 사곤 했는데, 오늘은 나도 하나 사 주는 것이다. 지난달 연장을 많이 하더니 월급이 좀 들어왔나?

그리곤 형님은 이거 나중에 당첨되면 꼭 자기랑 반반 나누어야 한다고 말한다. 뭔 쓸데없는 소리인가 싶어 대답하지 않고 있으니, "야, 씨, 너 혼자 먹으려는 거야?"라고 대답을 강요하기 시작한다. 그래서 상냥한 목소리로 대답을 해 주었다.

“행님. 이거 당첨되면 당첨금에다가 1억 더해서 다 드릴게.”

서울 형님이 깔깔거리며 웃더니, “야, 이씨 재수 없는 놈, 너 때문에 부정 탔잖아”라며 타박을 했다.

말은 그리했지만 나도 내심 1등에 당첨되면 뭘 할까, 잠시 생각을 하게 된다. 일단 이 고통스러운 출근길에서 벗어나게 될까? 가족들에겐 얼마씩 나누는 게 좋을까? 이런저런 생각. 무의식의 가상계좌에 땡그랑 동전이 들어오는 소리가 들린다. 10억 원짜리 황금색 동전이다.

가끔 한 번씩 어머니를 모시고 들르는 절이 있다. 경남 사천 다솔사라는 곳인데, 조그만 암자의 한쪽엔 이런 문구가 새겨진 현판이 있었다.

행복은 원하는 것을 얻는 것이 아니라,
이미 가진 것을 깨닫는 것이다.

그렇다. 인생이 그렇게 꼭 무슨 역전 같은 것을 해야만 행복한 것은 아닐 것이다. 인생은 여전할 때도 마찬가지로 행복한 거 아니냔 말이다. 죽거나 다치지 않고 오늘의 일상이 무난히 진행되는 것. 그것 또한 지극한 행복이다.

어쩌면 진짜 로또는 아무 사고 없이 계속되는 오늘의
일상일지도 모른다.

인생역전이면 좋겠지만, 인생여전이라도 나쁘진 않다.

1500만 개의 노동일기
(제32회 전태일문학상 르포 부문 수상소감문)

직장을 자꾸 옮겨 다니니 어머니께서 걱정이 많으십니다. 자식이 안정된 생활을 찾지 못하는 것 같아 늘 안타까우신가 봅니다.

얼마 전에도 어머니께서 물으셨습니다.

"회사를 새로 옮겼다고?"

"네."

"어데서 일하노? 데모하나?"

"아니요. 데모는 무슨, 이번엔 그런 거 안 해요"

"노가다하나?"

"아니요, 좋은 사무실에 책상에서 일해요."

"그러면 데모하나?"

"…"

데모 아니면 노가다. 사실 내 노동 이력이 그러했습니다. 부모님과 형제와 친구들은 나만 보면 언제나 걱정스럽게 바라보곤 했습니다. 데모든 노가다든 한 곳에서 꾸준히 잘 해내면 그나마 덜 걱정스러웠을 텐데 그러지도 못했습니다. 한 번은 고용보험 가입 이력을 뽑아 보았는데 20여 년 동안 다닌 직장이 두 페이지 반에 걸쳐서 빼곡히 기록되어 있었습니다. 문제는 제가 다닌 직장이 영세하여 4대 보험에 가입하지 못한 곳이 더 많다는 것입니다. 매사 불평불만이 많고 성격이 모가 나서 그런 것인지 태생적으로 게으르고 참을성이 부족해서 그런 것인지 모르겠으나 어쨌든 나의 인생이 뭔가 안정되지 못한 건 사실인 듯합니다.

공모전에 보낸 다섯 편의 짧은 글들은 저의 노동일기입니다. 지난 시절 저의 노동 부적응기인 동시에 저의 직업 탐험기라고 볼 수도 있겠습니다. "너 요즘 뭐 하고 살고 있냐?"는 친구들의 질문에 대한 대답을 글로 정리하고, 노동의 과정에 대한 설명을 좀 보태고, 주변 세상에 대한 저의 의견을 좀 다듬어 본 내용들입니다. 친구들이 재미있게 읽어 주었으면 좋겠다고 생각했는데 재미있다고 답해 주어 다행스럽습니다. 무엇보다도 글을 정리하는 과정에서 매일 계속되는 이 고통스러운 출근길은 어떤 의미를 갖는지, 노동과 내 인생의 관계가 무엇인지에 대해 스스로 정리하고 조그만 해답을 하나씩 찾을 수 있어 좋았습니다.

『경향신문』에 당선공고가 올라오고 지인들의 축하가 이어졌습니다. "양 작가님 축하해요", "등단을 축하드립니다", "이제 작가가 되는 것인가요?" 한편으로는 고맙고 또

한편으로는 당혹스러운 축하였습니다. 등단이라거나 작가라는 말이 나나 내가 보낸 글과 약간 어울리지 않는다는 생각도 한편으로 들었고 축하 멘트를 하나하나 퍼즐 조각처럼 맞추어 모아 보면 "한국이라는 철저한 신분 계급사회에서 문학상이라는 소정의 과거시험을 통과하여 미약하나마 작가라는 신분 상승을 이루어 내었으니 장하다"라는 이야기로 해석되기도 해서 약간 뻘쭘했습니다. 물론 저의 지인 중 누구도 그런 의도로 말한 적이 없고 그렇게 생각하는 사람도 없으리라 생각합니다. 다만 의례적인 축하일 뿐이겠지요. 초상집에 가서 엄숙한 조의를 올리고, 아기 돌잔치에 기쁜 축하를 보내는 것과 같습니다. 개인에게도 카르마가 있듯이 사회에도 카르마가 있는 것이라 봅니다.

가끔 올림픽 경기를 보면 이런 해외 선수들이 있습니다. '유럽의 어느 중학교 문학교사 올림픽에 출전하여 동메달 획득', ' 남미의 한 공장 노동자 올림픽에 출전하여 아쉽게 예선 탈락'. 이런 소식을 들을 때마다 그것이 가능한 그 나라의 현실이 무척 부럽게 느껴졌습니다. 일하며 운동하고 그 능력을 테스트해 볼 경쟁에도 한 번 나서 볼 수 있는 사회의 공기는 어떤 것일까? 일하는 사람은 일만 하고, 운동하는 사람은 운동만 하고, 글 쓰는 사람은 글만 쓰고. 그러면서 각기의 영역에서 무조건 일등만을 목표로 하는 이 사회와의 차이점은 무엇일까? 프로만 존재하고 아마추어는 없는 스포츠의 세계와 작가와 독자의 세계가 철저히 구분된 글쓰기의 세계는 어쩌면 같은 모습이 아닐까 생각합니다. 그건 참으로 재미가 없는 세계가 아닐까요. 사회 운동가가 글을 쓰는 동안은 작가인 셈입니다. 배관공이 버튼맨이 글을 쓰는 동안 그는 작가요, 노동의 현장에선 다시 노동자인 것이라 봅니다. 전업으로 그 영역에 매달려 최상의 기량을 보이는 프로의 세계가 있다면, 일상의 공간에서 일상의 이야기를 나누는 풍부한 아마추어의 세계도 있다고 봅니다. 이들이 서로 공존하는 게 아름다운 세계라고 생각합니다.

응무소주 이생기심應無所住 而生其心. '마땅히 머무르는 바 없이 그 마음을 내어라', '그 어느 것에도 얽매이지 말고 홀가분하게 살라', '일하되 그 일에 구속되지 말라'는 뜻으로 『금강경』의 유명한 한 구절이라 합니다. 노동 활동가, 현장 노동자, 작가가 따로 있는 것이 아니라고 생각합니다. 노동삼권을 확보하기 위해서 파업투쟁에 동참할 때 우린 모두 노동 운동가입니다. 배관 업무를 하는 동안은 배관공이고, 사회 운동 단체에 일하게 되면 활동가이며, 글을 쓰는 동안은 또 그 사람이 바로 작가인 셈입니다. 소소한 자신의 이야기를 꺼내어 동료들과 교류하고 서로의 생각을 교환하고 소통하는 바로 그 과정이 시詩

이자 서사이며 사회 고발이자 시대 비평이라고 생각됩니다. 그것은 문학상을 통해 인정받아야만 할 수 있는 것이 아니고 베스트셀러의 작가가 되어야만 할 수 있는 것은 아니라고 봅니다.

1500만 명의 노동자가 1500만 개의 노동 현실에서 느낀 경험과 사회에 대한 생각이 있습니다. 100만에 이르는 실업자군에서도 실업의 이유와 상처, 거기에 관한 생각이 있을 것입니다. 그에 대해 모두가 자신의 노동일기를, 자신의 사회 비평을, 스스로의 문학작품을 만들어 보는 세상. 그것이 전태일문학상이 추구하는 것이 아닐까, 라고 한번 생각해 봅니다.

인생에 대해 돌아보고 삶의 의미에 대해 살펴보는 일에 꼭 대단한 지식이 필요하다고 생각하지 않습니다. 한 사회의 모순과 사회 불평등을 판단하는 데에도 대단한 지식과 정보가 있어야 한다고는 보지 않습니다. 어린아이들은 어린아이 나름의 분석 틀이 있고, 농부와 어부도 나름대로 분석 요령이 있어 저마다 이 사회의 문제를 사뭇 정확하게 분석해 낼 수 있습니다. 사회학을 배운 사람들, 경제학을 배운 사람들은 배운 지식에만 기대어 세상을 분석하는 경향이 있다고 봅니다. 그래서 자신이 쌓아 온 정보와 데이터들이 없으면 아마도 세상의 부조리를 깨치지 못했을 것이라고 믿는 것 같습니다. 세상을 해석하는 데 그리 많은 지식이 필요하지 않다는 사실을 모르는 이는 모순적이게도 많이 배운 이들뿐입니다. 지식과 정보와 네트워크의 작용이 없어도 부조리한 세상을 또는 인생과 행복의 의미를 꿰뚫어 볼 수 있다고 생각합니다. 직관의 힘으로, 시대적 감수성으로 그건 가능하다고 봅니다. 우린 그러한 인물들을 이미 알고 있습니다. 청년 전태일도 그런 이들 중 하나일 것입니다.

좀 더 많은 사람들이 자신의 판단을 신뢰하고, 그를 통해 자신의 생활을 정리하고 생각을 정돈해 보며, 자신의 글들을 엮어 보는 세상이 되었으면 좋겠습니다. 어떤 장르로 할 것인가 굳이 고민하지 않아도 좋지 않을까요? 시 구절이 될 수도 있고, 명언이나 노래 가사가 될 수도 있고, 푸념이 될 수도 있고, 상상과 공상이 될 수도 있을 겁니다. 장르 따위는 대학과 같은 곳에서 교수님들이 한 학기 근무시간을 채우기 위해 인위적으로 나누어 놓은 커리큘럼의 제목일 뿐이라 봅니다.

하필이면 올해는 6월부터 8월 말까지 한여름 뙤약볕에 조선소 갑판 위에서 일하게 되었습니다. 여름은 늘 힘겨운 시절이지만 올해 여름은 더욱 힘들었습니다. 코로나가 재유행하였는데, 코로나에 걸린 채로 뙤약볕 아래서 일을 하는가 하면, 더위를 먹고 약해진 소화력으로 물회 한 그릇을 먹었다가 일곱 번이나 구토와 설사를 하고 응급실을 찾기도 했습니다. 의사들이 집단으로 진료를 거부하여 문 여는 병원도 매우 적었습니다. 고생이 이만 저만이 아니었습니다. 그래도 저는 다행이었습니다. 바로 이웃에 있는 선박에서는 61세의 노동자가 의식을 잃고 엔진실에 혼자 누워 있다가 발견되어 병원으로 옮겼지만 사망했다 합니다. 건너편 조선소에서는 한 노동자가 현장 화장실에 앉은 채로 죽어 있었다고 합니다. 무더위에 지친 노동자들이 사라져 가는 의식을 부여잡고 한 명은 엔진룸 그늘에서, 한 명은 화장실에 걸터앉아 쉬어 보려다가 끝내 의식을 잃은 것 아닐까 추측해 봅니다. 하지만 그러한 추측이 입증되지 못했던 것일까요? 찬 바람이 불어오기 시작한 지금까지도 어디 신문 한구석이나 뉴스에도 나오지 않고, 중대재해로 처벌을 받느니 하는 이야기도 나오지 않았습니다. 뙤약볕을 피하려 그늘 아래 누워 있는 동료들을 볼 때마다, 그리고 현장 화장실에 들어가기 위해 문고리를 돌려야 할 때마다 마음 한곳이 서늘해지곤 했습니다.

열사의 시대에 비해 분명히 이 땅의 노동조건은 나아진 것이 사실입니다. 그러나 비극의 규모가 달라졌을 뿐, 비극의 형태는 아직도 크게 달라지지 않고 있는 것을 어렵지 않게 우리 주변에서 볼 수 있습니다. 전태일 열사의 탄식은 50여 년이 넘은 아직도 유효한 것 같습니다.

하나님 긍휼과 자비를 베풀어 주시옵소서.

맺음말

1.

하루는 일찍 퇴근하고 여자친구와 함께 영화를 보러 갔다. 〈자전거 도둑〉이라는 조금 오래된 영화였다.

영화가 시작되고 15분쯤 되었을까? 나는 "아이고, 배탈인가보다. 화장실에 좀 다녀오마"라며 살짝 나왔다. 조금 쉬었다가 들어가려 했지만, 그냥 영화관 대기실에서 상영이 종료될 때까지 앉아 있었다. 영화가 끝나고 나온 여친은 배가 많이 안 좋냐고 물었고, "오, 그냥 약간 꿀렁거린다"라고 답했다.

사실은 배가 아파서라기보다는 영화가 좀 힘들어서 나온 것이었다. 힘들다. 가난한 아버지가 아들과 함께 먹고살려고 거리를 나서는 그 장면부터 이미 명치의 한곳이 조여 오는 느낌이 들었다.

나는 공상과학영화 같은 것이 좋다. 영화는 세계를 알려 주는 창이기도 하겠지만, 나에게 영화는 세상과 단절되어 현실을 잊어버리는 공간으로 의미가 더 컸던 것인지도 모르겠다. 〈1987〉, 〈택시운전사〉 같은 영화들을 보기 어려웠다. 힘들었다. 콜센터 노동자의 슬픈 이야기를 그린 영화 〈다음 소희〉도 보지 못했다. 영화의 포스터만 봐도 가슴이 조여 왔다.

홍명진 전태일문학상 운영위원장으로부터 "32회 전태일문학상 르포 부문에 당선되셨습니다"라는 연락을 받고 가장 먼저 한 일은 『전태일 평전』을 읽는 것이었다. 『전태일 평전』을 읽지 않은 전태일문학상 수상자. 좀 이상하지 않은가.

돌베개에서 나온 『전태일 평전』 구판을 빌려 읽었다. 가난한 전태일 열사의 어린 시절부터 죽음에 이르기까지. 이제야 겨우.

내 방엔 책이 별로 없다. 좋은 책이 있으면 빨리 주변의 친구들에게 읽어 보라고 선물하고, 쓸데없다고 보이면 후다닥 쓰레기통에 버려서 없애 버려야 한다고 생각했다. 내 집 책꽂이에는 읽다가 마저 못 읽은 책, 꼭 한 번 더 읽기로 한 책, 아직 열어 보지 못한 책 그리고 선물 받은 특별한 책이 듬성듬성 놓여 있을 뿐이다. 세상 게으르고 산만하여 독서량이 그리 많지 않은 탓도 있겠다.

읽다가 그만둔, 나중에 꼭 마저 읽기로 한 책. 『소금꽃나무』를 꺼냈다. 벌써 십여 년째 페이지를 열었다 닫기를 반복한 김진숙 지도위원의 이야기. 책 옆면이 누렇다.

김진숙 지도위원이 손수 책 앞에 메모를 써 주셨다.

"늘 고마운 양성민 동지, '내' 얘기가 아닌 '우리' 얘기를 하고 싶었는데 별로 잘된 것 같진 않군요. 걸을수록 흔적이 남는 길. 발자욱을 남기는 일이 얼마나 무겁고 두려운 일인지 이제야 알겠습니다"라고 적혀 있다.

하지만 김진숙 지도위원께서 쓰신 '나의 이야기'가 바로 우리의 이야기였다. 한국사회의 이야기이며, 지구 위의 노동자로 살아가는 우리 이야기.

김 지도의 얼굴을 뵙는 건 주로 밤이었다. 다음날 집회가 있으면 김 지도는 미리 연설 문안을 준비하곤 하셨다. 두세 페이지의 짧은 연설문. 김 지도는 그것을 전날 자정이 되도록 쓰고, 고쳐 쓰고, 또 고쳐 쓰셨다.

"양 동지, 담배 있소?"

"아, 네. 여기 있습니다."

"고맙습니다."

어쩌다 내가 밤늦게 남아 구멍 난 영수증 잔액을 확인할 때, 기관지 따위를 만든다고 앉아 늦게 모니터를 뚝딱거리는 날엔 한 번씩 김 지도와 담배를 나누기도 했다. 에쎄 라이트. 김 지도와 나의 공통점은 그것 하나였다. 그 이외에는 몇 시간이 흘러도 둘 사이엔 아무런 대화가 없었다. 무뚝뚝한 경상도 사람들.

책을 내기로 하고 『소금꽃나무』를 다시 꼼꼼히 읽기 시작했다. 아하, 책을 쓰면 읽게 되는구나. 쓰기가 읽기보다 더 중요한 것인지도 모르겠다고 다시 생각하게 된다.

책장에는 또 다른 지인의 책도 있다. 부산실업극복지원센터에서 가난한 사람들의 취업과 생활 지원 일을 했던 최문정의 『활똥가 일기』(『짬짜미, 공모, 사바사바: 도전하는 청춘 최문정의 활똥가 일기』)다. 이 책도 꺼내 꼼꼼히 다시 읽어 보았다. 이 글에는 나도 등장한다. 시민단체의 초보 활동가인 글쓴이에게 '집회신고 요령'을 야매로 가르쳐 주는 노동조합의 이상한 선배 활동가가 나오는데 그게 나다. 『활똥가 일기』를 보며 나도 언젠가 나의 활동 일기를 정리해 보고 싶었는데, 선천적 게으름이랄까, 실행에 옮기지 못하다가 이제야 이렇게 책으로 정리하게 되었다.

누군가 나의 글의 장르가 무엇이냐, 어떤 글이냐 라고 물으면, 『소금꽃나무』와 『활똥가 일기』의 가운데 어디쯤이라고 답하리라.

전태일문학상 운영위원회에서 수상작품집을 내 주셨다. 내 글 말고도 시 부문 수상자인 송문영 님의 시와 소설 부문 수상자인 최희명 님의 소설, 그리고 청소년 문학상 수상자들의 많은 작품들이 함께 수록되어 있다. 시도 훌륭하고 소설도 훌륭하고, 청소년들의 작품은 다들 놀랍다.

수상작품집을 형과 누나에게 그리고 어머니께 한 권씩 나눠 드렸다.

어머니가 책을 읽고 소감을 말씀해 주셨다.

"아이고, 우리 아들 일한다고 고생해서 엄마가 눈물이 났다."

아? 그게 아닌데. 재미있게 읽으시라고 드린 것인데. 부모 마음이란 그런 것인가. 근데 친구들의 반응도 재미있다는 반응보다는 '고생했구나'라는 위로의 반응이 더 많다. 아무리 편안하게 이야기해도 우리 사회의 노동 이야기가 그저 재미있지는 않은 게 분명한 것 같다. 하지만 내 글은 그렇게 힘들진 않으리라 생각한다. 나의 삶이 앞선 이들의 삶만큼 모질진 못하니깐. 그래, 그렇진 않을 것이다. 거듭 말하지만, 나의 글이 『소금꽃나무』와 『활똥가일기』의 중간쯤이었으면 좋겠다. 그리고 나의 글은 그냥 심심풀이로 훑어보다가 부담 없이 접어 두어도 될 만한 것이었으면 더 좋겠다.

2.

서점에 가서 인생 행복론 같은 것을 뒤적거렸다. 서점에 가면 늘 신기하다. 한쪽에는 성공에 대한 책들이 가득 쌓여 있다. 지은이는 주로 하버드 같은 곳을 졸업한 사람들이다. 하버드는 뭐 하는 대학인가 늘 궁금하다. 성공론 강연자를 키우는 학교인가? 죄다 하버드다. 그리고 그 맞은

편엔 행복론 책들이 또 가득하다. 성공론 책들과 가까운 위치에 있다. 한쪽은 성공해서 행복할 방법을 팔고, 다른 편에서는 실패해도 행복할 방법을 판매하고 있다. 어느 쪽이든 읽는 사람은 행복해지고 서점은 돈을 벌게 되니 좋다.

이런 모습이 똑같이 재생되는 곳이 불교사찰들이다. 한쪽에서는 대학입시를 비롯한 온갖 소원 성취를 판매한다. 그리고 또 한쪽에서는 욕망에서 해탈하여 마음의 평화를 얻을 방법을 홍보하고 있다. 석가모니 부처상의 좌우에 있는 것은 지혜와 실천을 상징하는 문수文殊와 보현普賢이라고 하던데. 한 번씩 보면 좌측의 소원성취불과 우측의 욕망해탈불이 아닌가 싶기도 하다. 마찬가지로 어느 쪽이든 중생은 행복을 얻고 스님은 보시布施를 얻게 되니 누구도 손해 볼 것이 없다.

많은 사람이 주로 추천하는 인생의 행복은 대략 두 가지의 방향인 것 같다. 하나는 좋아하는 일을 하는 것이고, 다른 하나는 돈벌이에 얽매이지 않는 것이다. 음…. 그렇겠지? 책들의 제목과 간단한 소개 글로만 모두 이해하기는 쉽지 않으나 분명한 것은 많은 글들이 이야기하는 인생의 행복에 노동이 매우 깊이 관련되어 있다는 사실이다.

"내가 좋아하는 일을 하면서 밥 먹고 살 수 있다면 그 사람은 특권층이다.”

홍세화 선생께서 하신 말씀이라고 한다. 하고 싶은 일을 하며 살아간다는 것은 참으로 당연한 인생의 목표로 보이지만 사실 그것만큼 어려운 일이 없다.

우선 좋아하는 일이 무엇인지를 찾는 것부터가 힘든 일이다. 몇 가지 머리에 떠오르는 것이 있다 하더라도 과연 그것이 나의 진정한 바람인지 아니면 타인들의 바람이 나에게 각인된 것인지 의문스럽다. 고민을 오래 한다고 하더라도 좀처럼 결론이 나오지 않는다.

좋아하는 일, 또는 하고 싶은 일을 찾았다 해도, 과연 그 일을 하면서 먹고 살아갈 수 있는 사람은 몇이나 되는가 역시 문제다. 홍세화 선생님 말씀대로, 보통사람들이 그렇게 살기가 쉬운 일이 아니다.

심리상담가이자 정신분석학자인 이승욱 선생님은 “중요한 것은 내가 좋아하는 일이 무엇인지 보다, 내가 좋아하는 일이 무엇인지를 찾아가는 과정”이라고 했다.

아마도 이런 뜻인 것 같다. 좋아하는 일을 찾는다는 것은 나의 행복에 대해 고민해 나가는 과정이다. 그런데 그건 고정적일 수 없다. 늘 수시로 변화해 나가는 무엇이며 그것을 찾아가는 인생 여정이 결국 인간의 삶이라는 그런 의미이지 싶다. 완성형의 행복은 존재하지 않으므로, 완성형의 이상적 직업, 이상적 노동 또한 존재하지 않는다는 것으로 해석해도 될까? 다만 그것을 꾸준히 추구해 가는 과정이 바로 행복을 추구하는 인생의 모습이라는 뜻으로 보인다.

노동은 삶의 본질인가?

그런지 아닌지는 잘 모르겠다. 노동이 없는 인생도 충분히 근사하며, 노동이 없는 인생이 차라리 더 근사할지도 모르겠다.

노동이 삶의 본질은 아닐지 몰라도, 그것이 삶의 현실이라는 것만은 분명해 보인다. 어쨌든 우린 먹고살아야 하지 않나.

하고 싶은 일을 찾았고, 그 하고 싶은 일이 달성 가능한 목표이며, 게다가 그 일이 먹고사는 문제까지 해결해 준다면 그 사람에게는 고민 같은 건 더 없을 것 같다. 잘 깔아 놓은 레일 위에 얹어 놓은 고속 열차처럼 달려갈 일이 남아 있을 뿐이다. 하지만 대부분의 인생은 사실 그러하지 못하다.

정작 우리가 인생을 살아가며 해결해야 할 궁극적인 과제는 '하고 싶은 일을 찾는 일'과 동시에 '하고 싶은 일이 아닌 일을 견뎌 내며 그럭저럭 살아가는 일', 두 가지인 것은 아닐까?

3.

글을 정리하고 책을 내 보겠다는 막연한 희망을 구체적으로 실현케 해주신 돌베개 출판사와 김태현 편집자님께 감사드린다. 조잡한 첫 원고를 읽고 의견을 준 선경에게도 고맙다. 그리고 좋은 글 엮어 보라고 응원해 준 많은 친구들에게 감사드린다. 읽고 실망스럽지나 않을까 걱정이다. 감상평을 들려주면 내 참고해서 다음번엔 더 좋은 글 모음을 만들어 보겠다.

2026년 3월
양성민